Das Sternum-Projekt:
Die 7 Schlüssel für ein reiches Leben

Georg Rupp

Das Sternum-Projekt: Die 7 Schlüssel für ein reiches Leben

Georg Rupp

Edition ForEver Free

1. Auflage 2004
ISBN 3-938270-00-4

Lektorat: Maren Jungclaus
Layout: formmad graphic GmbH, Nettetal
Druck: Sommer Corporate Media GmbH & Co. KG, Waiblingen

FOREVER FREE?

Was heißt es für Dich, «für immer frei» zu sein?

Heißt es: finanzielle Unabhängigkeit? Permanente Freizeit? Sich auf einer Harley den Wind um die Nase wehen zu lassen?

Warum nicht? Aber – soll das alles gewesen sein, was Freiheit meint?

«Das kann's doch nicht gewesen sein!» ist für viele der Aufbruch in eine neue Lebensphase, in das persönliche und spirituelle Wachstum.

«Es muss doch mehr Sinn hinter meinem Leben geben...» als Arbeit und Leistung, als die immer währende Hoffnung auf bessere Zeiten, auf ein erfüllteres Leben.

Eines wissen wir genau – und dem gilt unser Streben: Wir wollen frei sein von Dauerstress, von Zweifeln, von Krankheiten und der Ungewissheit, ob unser Leben langfristig Sinn ergibt. Wir wollen innere Ruhe, Sicherheit, Gesundheit und die Freiheit, unserem Leben selbst die Form zu geben.

Edition
ForEver Free

Die Edition ForEver Free will in diesen Lebensmomenten Mutmacher sein: Denn es gibt kein wirkliches Freisein ohne die innere Freiheit. Ohne die Freiheit der Seele und des Herzens.

Ich widme dieses Projekt meiner Frau Claudia,
die mit einer bewundernswerten inneren Leichtigkeit,
mit Selbst- und Gottvertrauen, geduldig
meine ganzen Irrungen und Wirrungen hinnahm,
die mich letztlich dazu befähigt haben,
das Sternum-Projekt auf den Weg zu bringen.

Meine Arbeit wäre ohne die Erfahrungen nicht möglich gewesen, die ich im Nathal-Institut Fischbachau machen durfte. Bei der klinischen Psychologin Dr. Gertje Lathan lernte ich den Weg einer Meditation kennen, der mir nach vielen eigenen, auch therapeutischen Vorerfahrungen mit Entspannungs- und Meditationstechniken, den größten Nutzen brachte. Hierfür danke ich meiner Kollegin und ihrem Mann, Dr. Philippe Evrard, ganz herzlich. *www.nathal.de*

INHALT

Seite

I. Entdecke Deine Sehnsucht

WENN DU EIN SCHIFF BAUEN WILLST,
SO TROMMLE NICHT MÄNNER ZUSAMMEN,
UM HOLZ ZU BESCHAFFEN, WERKZEUGE
VORZUBEREITEN, AUFGABEN ZU VERGEBEN UND DIE ARBEIT EINZUTEILEN,
SONDERN LEHRE DIE MÄNNER
DIE SEHNSUCHT NACH DEM WEITEN,
ENDLOSEN MEER.

ANTOINE DE SAINT-EXUPÉRY

Sehnsucht

ist Beginn, ist Aufbruch, ist Reise mit dem Blick nach vorn. Sehnsucht ist auch das Wissen um bessere Zeiten, um schönere Zustände. Sich sehnen macht Freude, entfacht neue Energien. Die Sehnsucht ist ein wertvoller Moment.

DIE SEHNSUCHT ZUM AUFBRUCH

Wir alle kennen Menschen, die von etwas träumen, sich etwas ersehnen. Wer kann von sich schon sagen: «Ich habe keine Wünsche mehr!»? Solange Du lebst, wirst Du Neues entdecken wollen.

Diese Sehnsucht muss nicht aus einem Mangel

entstehen. Sie kann Teil Deiner Vision eines spannenden und erfolgreichen Lebens sein, Deines drängenden Wunsches, nicht in Routine zu erstarren, kein genormtes Leben zu führen. Anders zu sein. Reicher an Gefühlen und Lebenserfahrungen. Nicht am Fließband des Lebens stehen zu bleiben, sondern nach den verborgenen Schätzen zu suchen – und sie zu entdecken.

Vielleicht spürst Du aber auch eine unerfüllte Stelle in Deinem Inneren, hauchartig klein oder drängend groß ... Oder suchst einen Weg, Dich von altem Ballast zu befreien, immer wiederkehrende Gedanken abzuschütteln, Blockaden aufzulösen.

Ob Du nun Altes, Vergangenes ein für alle Mal hinter Dir lassen – oder brachliegende Energien endlich freisetzen willst ... das Sternum-Projekt kann Dein neuer Begleiter, Dein Rüstzeug für Deinen ganz persönlichen Lebenserfolg werden.

Es zeigt Dir Stationen auf dem Weg, Deinen inneren Stern zu entdecken, wie immer er sich im Leben für Dich ausdrücken mag.

Forme auf den folgenden Seiten Dein eigenes Bild von einem erfüllten, freien Leben, freunde Dich mit Deinem Sternum an. Es ist die Schatzkammer Deines Körpers, in der Deine kraftvolle, vitale Energie zusammenfließt.

Du hast den freien Willen, Dich als Drehbuchautor und Regisseur Deines ganz persönlichen Theaterstückes, das wir Menschen «Leben» nennen, anzunehmen und wertzuschätzen. Es ist Deine Entscheidung.

Diese Kraft, die Dir die Sehnsucht erfüllt – und von der hier die Rede ist – befindet sich seit Anfang aller Zeiten **in Deinem Inneren**.

Wenn Du Dir die folgenden **drei Fragen** stellst – wie lauten Deine Antworten?

DIE EIN GUTES LEBEN
BEGINNEN WOLLEN,
SOLLTEN TUN WIE EINER,
DER EINEN KREIS ZIEHT.
HAT ER DEN MITTELPUNKT
GUT ANGESETZT,
SO WIRD DIE KREISLINIE GUT.

MEISTER ECKHART
1260 - 1328 nach Christus

Was hindert Dich daran, zu bekommen, was Du möchtest?
Wie schaffst Du Dir ein großartiges Leben?
Warum handelst Du nicht danach?

Was in einem gelebten Leben zählt, ist die Handlungsebene. Die Umsetzung. Das Tun im Hier und Jetzt.

Der Schlüssel dafür liegt in Dir selbst. «Das Sternum-Projekt» zeigt den Weg zu einem reichen Leben. Es zeigt die Meilensteine auf dem Weg zu tiefem innerem Glück. Es zeigt das Koordinatenkreuz der wichtigsten menschlichen Gefühle.

Die 7 Schlüssel sind die Route, Orientierung und Streckenposten ...

... um sich am Ziel im Reichtum der persönlichen Freiheit – und in Harmonie mit dem eigenen Dasein zu finden.

WIE DAS BUCH GESCHRIEBEN IST

Durchaus möglich, dass dieses Buch eine Herausforderung ist, denn es nimmt keine Rücksicht auf Lesegewohnheiten. Wer nur auf seinen Verstand vertraut und analysierend liest, wird wahrscheinlich denken: Chaos, heilloses Durcheinander. Wo bleibt der rote Faden?

Nicht alles scheint miteinander verbunden. Es gibt keinen durchgängigen Fließtext, sondern Kapitel, Anekdoten, Fragmente, Fotos und «Kästchen».

Jeder Text, in sich geschlossen, ist wie ein Findling, der aus dem Wasser ragt. Das Verbindende aller «Findlinge» ist und bleibt das Wasser, das Meer. Was unverbunden scheint, ist in Wirklichkeit verbunden.

Springe von Findling zu Findling, das Verbindende bleibt – auch wenn jeder Stein vom anderen getrennt zu sein scheint.

Außerdem macht dieses lesende Springen Spaß: Entscheidend ist, was zwischen den Kapiteln, Fragmenten, Anekdoten, Fotos usw. geschieht.
Was **in Dir** geschieht.
Was sich **in Dir** fühlbar vollzieht. Auch was zwischen den Zeilen steht.
... Was zwischen den Zeilen spürbar wird, ist der eigentliche Inhalt:
Es gibt etwas Großes, das weit über den menschlichen Verstand hinausragt.

So sind die Kapitel zu sehen: scheinbar unverbunden – und dennoch verbunden. Alles ist und bleibt verbunden. Im Sternum aber zeigt sich die Konzentration der Verbindung, die Verdichtung, die Essenz.

Die Metapher des Wassers

Tiefenpsychologisch betrachtet steht es für das «Unterbewusstein» des Menschen. Esoteriker reden vom «kosmischen Bewusstsein», vom Wissen aller Zeiten.
Die Mystiker sagen: Alles ist eins.
C.G. Jung spricht vom «kollektiven Unbewussten».
Feng-Shui-Meister meinen die Wechselwirkung aller Arten von Chi-Energie. Die Quantenphysik entdeckt die «Nicht-Lokalität», die Verbundenheit aller Quanten.
Alles ist eins.
Das meint die Metapher des Wassers.

Eingebungen

Zahlreiche der folgenden Texte habe ich in Meditationen erfahren. Sie sind zur Unterscheidung von anderen durch diese Fläche – je nach Kapitel in unterschiedlichen Farben – gekennzeichnet *und* ***kursiv*** *geschrieben*. Ein großes «E» zeigt zusätzlich den Beginn jeder Eingebung an.

E

Aus Gründen der besseren Lesbarkeit sind diese Impulse an einigen Stellen «vereinfacht» abgedruckt. Aber alle Texte entsprechen sowohl inhaltlich als auch gefühlsmäßig den spirituellen Erfahrungen und Erkenntnissen, die ich in langjähriger Meditation erhalten durfte.

In diesem Buch ist sehr häufig von Licht als göttlicher Energie die Rede. Solltest Du mit dieser Empfindung Schwierigkeiten haben, weil für Dich beispielsweise die Existenz Gottes keine Rolle spielt oder eine andere Lebensphilosophie gilt, so kannst Du Licht für Dich mit reiner Energie, Glück oder auch mit innerem Reichtum übersetzen.

Wähle das, was Dir gut tut.

Du oder Sie?

E

Frage: *Soll das Buch in der «Sie-Form» oder in der «Du-Ansprache» geschrieben werden?*

Antwort: *«Sie» ist höflich. «Du» ist vertraulich. Auf was legst Du Wert?*

Gedanke: *Ich finde eigentlich das vertrauensvolle «Du» passend.*

Antwort: *Das «Du» wärmt die Seele. Das «Sie» bedeutet Distanz. Bleibe im «Du», ohne aufdringlich* *zu sein. Das «Du» ist ja keine Respektlosigkeit, sondern Zeichen: Wir sitzen alle im selben Boot. Wir sind aufeinander angewiesen. Jeder ist wichtig – dort, wo er steht.*

Mit dem Herzen lesen

Eine Empfehlung möchte ich Dir noch mit auf den Weg geben: Lies dieses Buch nicht so sehr mit Deinem Verstand, sondern mit Deiner Seele und mit dem Herzen. Empfinden kannst Du es weniger über die Worte, als über den Einklang Deiner Seele und über die Freude Deines Herzens. Worte sind Hülsen, die Dein Verstand versteht und nicht versteht. Die wahre Bedeutung der Worte erspürt Deine Seele, findet Dein Herz. Auch hier gilt wie überall im Leben:
Man sieht nur mit dem Herzen gut.

II. Finde Dein Navigations-system: Das Sternum

1. HAND AUFS HERZ! … ODER: DIE GESTEN ZUM STERNUM

Hand aufs Herz? Warum heißt es nicht: Hand aufs Hirn? Hand auf den Bauch? Hand aufs Knie? Verrückt, so eine Frage? Ja, eben. Keiner käme auf diese Idee … Man sagt … Hand aufs Herz!

WENN DIE MENSCHEN
ERKENNEN,
DASS SIE EINEN EINZIG-
ARTIGEN SCHLÜSSEL
IN SICH TRAGEN,
BRAUCHEN SIE IHR GLÜCK
NICHT MEHR LÄNGER
NUR IN ÄUßEREN,
MATERIELLEN DINGEN
ZU SUCHEN.
SIE HABEN DANN
DEN SCHLÜSSEL
FÜR DIE WIRKLICHE
FREIHEIT GEFUNDEN.

GESTEN, DIE DAS STERNUM BERÜHREN

Jubelnde Sportler legen ihre Hände nicht an die Hosennaht, sondern recken, strecken, werfen ihre Arme gen Himmel, ballen ihre Hand zur Faust und stoßen sie in die Luft. Manche jubeln auch so extrovertiert, dass sie den Maschendrahtzaun in der Fankurve anspringen. Dieses ekstatische Beispiel von Jubel sieht man des Öfteren beim Fußball. Möglicherweise würde dieses «Seht her, ich war's» noch von einem tarzanmäßigen Klopfen auf die Brust begleitet werden, wenn sich der Fußballheld nicht mit beiden Händen am Zaun festhalten müsste.

Marcelinho – nach Torerfolg für Hertha BSC Berlin 2003

Oliver Kahn enttäuscht: 0:1 gegen Real Madrid am 10.3.2004

Womit wir beim **Thema Sternum** wären. Es ist aus medizinischer Sicht das Brustbein des Menschen, welches sich in der Mitte Deiner Brust befindet. Berührst Du es, dann legst Du Hand an die Zentrale Deiner Gefühlswelt ... ein erhebender Moment! – der nicht neu erfunden werden muss: Der Brasilianer Marcelinho schlägt sich im Torjubel, im Moment des Abdrehens vom Tor des Gegners, häufig auf das Brustbein. Manchmal auch an der Eckfahne. Eine Demonstration der Stärke und des Ich-Bewusstseins.

Es gibt aber auch das Gegenteil: tiefe Enttäuschung. Wir haben Oliver Kahn mit hängendem Kopf vom Rasen schleichen sehen, als Bayern München bei Real Madrid 0:1 verlor und damit aus der Champions-League ausgeschieden war.

Die deutschen Handballer Klaus-Dieter Petersen (Kapitän) und Torhüter Jan Holpert waren nach einer äußerst knappen Niederlage bei den Olympischen Spielen in Sydney so tief enttäuscht, dass die Köpfe förmlich auf die Brust sanken. Sie waren geschlagen worden, dadurch verzweifelt und – im wahrsten Sinne des Wortes – «nieder - geschlagen».

Klaus-Dieter Petersen, Jan Holpert. Deutschland verliert im Viertelfinale 26:27 gegen Spanien bei Olympia 2000 in Sydney.

Bei totaler Enttäuschung verwächst der Kopf für eine Zeitlang mit dem Sternum. Enttäuschte Menschen lassen ihn auf die Brust sinken, gehen in sich, sind nach innen gekehrt und in diesen

Momenten nicht für den Blick in die Welt zu haben. Enttäuschung heißt hier: ganz bei sich sein wollen, mit niemandem den Kontakt suchen. Die Sache mit sich selber ausmachen wollen. Nicht offen sein – in diesem Moment für nichts und für niemanden.

Enttäuschung ist ein beseelter Zustand. Menschen sind ent - täuscht. Enttäuschung dient oft der Erkenntnis: Ich habe mich getäuscht. Nun ist die Täuschung erkannt und erfühlt. Die Täuschung ist vorbei, ich sehe wieder klar.

Möglicherweise haben sie sich überschätzt, oder den Anderen unterschätzt. Sie haben sich etwas vorgemacht. Nun ist die Wahrheit ans Tageslicht gekommen. Da verwächst schon mal der Kopf mit dem Brustbein.

Warum aber sieht man so selten Menschen, die im lauten Jubel das Sternum einbeziehen? Lauter Jubel ist exzessiv, nach außen gerichtet. Wenn man die Welt umarmen kann, hält man nicht inne. Der Olympiasieger läuft nicht mit auf der Brust verschränkten Armen durchs Ziel.

Aber – kurze Zeit später, unmittelbar nach dem lauten Jubel, lässt sich diese Geste oft für einen flüchtigen Moment beobachten. Es ist die Geste, wenn man das Glück nicht fassen kann, Tränen des Glücks kommen wollen. Wenn man angerührt ist, eine stille, tiefe Freude spürbar wird. Dann allerdings greifen Sportler schon mal mit beiden Händen zum Sternum – als Zeichen inniger Gerührtheit. So wie Franziska van Almsick, die sich nach ihrem EM-Sieg in Weltrekordzeit – ergriffen von der eigenen Vorstellung – ans Sternum fasste.

Ergriffen von der eigenen Vorstellung: Franziska van Almsick nach dem Weltrekord über 200 Meter Freistil bei der Schwimm-Europameisterschaft 2002.

Marion Jones (USA) nach ihrem Olympia-Sieg in Sydney 2000

Marion Jones kreuzte ihre Hände auf dem Brustbein nach dem Sieg im Sprint bei den Olympischen Spielen in Sydney 2000.

Als Nena («99 Luftballons») vor einiger Zeit im Fernsehen gefragt wurde, ob sie nicht auch – wie andere Großverdiener – lieber in Luxemburg oder in Monaco leben würde, antwortete sie: «Ich lebe gerne in Deutschland. Ich sage das mit Stolz und mit Liebe.» Dabei legte sie für einige Sekunden ihre Hand aufs Sternum.

Star-Tenor Placido Domingo am 6.3.2004 in der KölnArena

Vereinigte Städtische Bühnen Krefeld und Mönchengladbach

Alexander K. aus der Sendung «Deutschland sucht den Superstar» tippte sich nach der Frage: «Was hast Du vorher über Dieter Bohlen gedacht?» genauso auf die Brust, wie Grammy-Preisträgerin Mariah Carey in der Talkshow bei Kerner.

«Cabaret» Esther Keil als «Sally Bowles» Aufführung der Vereinigten Städtischen Bühnen Krefeld und Mönchengladbach

In innigen Szenen des Theaters, aber auch in der leichten und ernsten Muse des Gesangs, fällt diese Geste auf. Dabei spielt es keine Rolle, ob es sich um seichte Schlagertexte («Ich lebe so, wie ich bin ...») handelt, um Hip-Hop («Ich habe dicke Pläne für mich ...») oder um Arien («Dein ist mein ganzes Herz») – der Griff ans Brustbein ist oftmals zwar flüchtig und unbewusst, aber deutlich wahrnehmbar.

Placido Domingo im Live-Konzert ebenso wie Sally Bowles in «Cabaret» – mit intensiver Geste wird die Innigkeit im Sternum auf diese berührende und eindringliche Weise vermittelt.

Das gilt übrigens für ganz unterschiedliche Kulturen:
Für den Angestellten aus Portugal ebenso wie für die indische Ärztin, für den südamerikanischen Manager wie für die japanische Catch-Trainerin, die sich beim Fernsehinterview mehrfach auf das Sternum klopfte.

Politik und Sternum

Sind Bundestagsdebatten eine Fundgrube für Sternum-Bezeigungen (oder: Bezeugungen)? Nicht unbedingt. Im Bundestag dominieren eher die weit ausladenden Arme des Redners oder die auf den politischen Gegner gerichteten Finger. Das gestenreich Extrovertierte spielt hier, medienwirksam, die größte Rolle. Aber gerade dann, wenn es zwischen Regierung und Opposition zum verbalen Schlagabtausch kommt, wenn sinngemäß bekundet wird: Das ist eine Verdrehung der Tatsachen. So hab ich das nie gesagt. Das lasse ich mir von Ihnen nicht unterstellen! ... dann ist der Griff zum Sternum sicher.

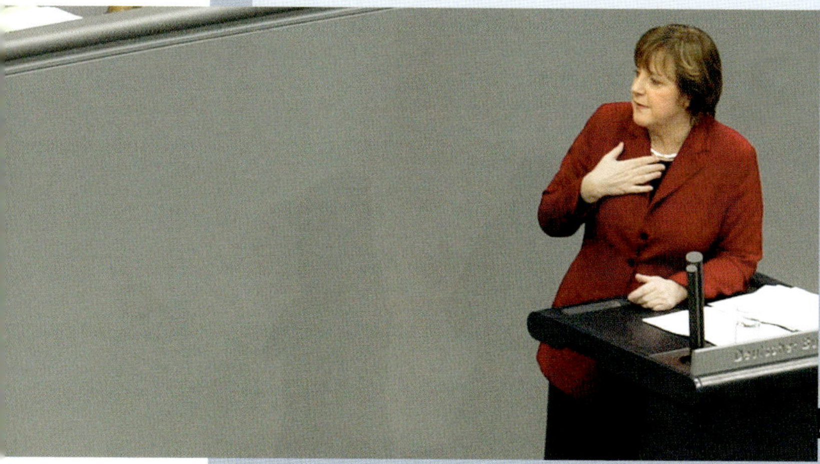

Auge in Auge – beim Rededuell im Bundestag: Gerhard Schröder und Angela Merkel. Schlagabtausch ein Jahr nach der Reformankündigung des Kanzlers. (Bildüberschrift in der Rheinischen Post vom 2.3.2004)

Nach der Fußball-EM 2004:
Ticken die noch ganz richtig beim DFB? Ottmar Hitzfeld will mit der ganzen Sache nichts zu tun haben.
(Bildunterschrift der Westdeutschen Zeitung vom 3.7.2004)

Allerdings sind diese Gesten oft so flüchtig, dass eine Kamera sie selten einfangen kann. Es gibt aber nach meinen Beobachtungen nur wenige **Ausnahmen** von dieser Regel: Etwa 2 Prozent der Menschen zeigen beim Thema «Ich» auf ihren Bauch. Und auf die Mitte der Stirn wird bei der Beschreibung des Ichs nur gezeigt, wenn es um die Aussage «Ich denke ...» geht.

Symptomatisch war die Äußerung eines Bekannten, dem ich erstmalig von der Tatsache der Berührung des Sternums erzählte. Er erwiderte im Brustton der Überzeugung: «Das mache **ich** nicht!» Beim Wort «**ich**» schaute er an sich herunter. Zur eigenen Überraschung hatte er sich gerade auf das Sternum getippt.

Dieser Hinweis ist nicht auf das «Ich» beschränkt. Verzückung, Verklärung (wie in religiösen Darstellungen), Ergriffenheit, Enttäuschung, Gram, Freude, Glück ebenso wie das Zusammenziehen bei der Angst ... die Luft, die fehlt, wenn es einem den Atem verschlägt. Aber auch das stille Glück der Verliebten. Das Selbstbewusstsein, der Stolz auf die eigene Leistung.

Alles das, was uns mit unseren Licht- und Schattenseiten ausmacht, findet hier einen Resonanzboden. Schwingt in dieser Seelentiefe. Alles, was das Herz berührt, was es ängstigt und erfreut, findet hier, in diesem Punkt, seinen Widerhall.

Im Sternum ist das Leuchten der Seele, ist abgrundtiefe Trauer, ist das Scheitern wie auch der «Phoenix aus der Asche», ist Zerfall und Auferstehung.

Hl. Franz Xaver
(1506 – 1552)
Gemälde eines unbekannten Künstlers

Das Sternum ist somit auch der Dreh- und Angelpunkt für die Vielschichtigkeit – und Einzigartigkeit – menschlichen Lebens.

Vajratara – Buddhistische Göttin der höchsten Weisheit; tibetische Plastik, 17. Jahrhundert

Das Sternum in der darstellenden Kunst

In der Kunst allgemein, speziell in der Malerei und Objektkunst, finden wir diese Geste, wie zum Beispiel in Plastiken, die tibetische Gottheiten darstellen.

Joseph Beuys nahm sich fünf italienischer Andachtsbildchen der «Herz-Jesu-Frömmigkeit» an – Jesus mit offenem, entflammtem Herzen in der Brustmitte –, übermalte sie und verlieh ihnen neue Titel.
Nicht, um intellektuellen Spott auszuüben, wie Prof. Alex Stock in seinem Buch «Poetische Dogmatik» (3. Band: «Leib und Leben», Ferdinand Schöningh Verlag) betont, sondern um den «Flammenofen des Herzens» schöpferisch zu nutzen.

KÖRPERSIGNALE … ODER: DIE BEDEUTUNG DER BERÜHRUNG

Der britische Anthropologe und Bestsellerautor Desmond Morris streift in seinem Buch «Körpersignale: Vom Dekolleté zum Zeh»
(Wilhelm Heyne Verlag, München) auch das Sternum:

«Die Brustregion wird … als Verkörperung des «Ich» gebraucht… Will ein Redner den Begriff «ich», «mir» oder «mich» betonen, berührt er in vielen Fällen mit den Fingern seine Brust. (…)

Junger männlicher Gorilla mit Imponierverhalten

Die Brust aufblähen oder mit den Händen und Fäusten schlagen ist eine männliche Geste, die in vielen Kulturen zu Hause ist. Sie bedeutet Selbstbewusstsein. Die Brustregion repräsentiert dabei wieder die ganze Person. (...) Das Bedecken dieser «Selbst»-Region kann als das entgegengesetzte Signal wirken. Im Orient – also vor allem in Japan und China – sind die über der Brust gefalteten Arme ein Zeichen der Demut, das meistens von einer mehr oder weniger unterwürfigen Verbeugung begleitet wird.

Der Ursprung dieser Geste ist offensichtlich – sie steht symbolisch für «Hand aufs Herz», aber weniger offensichtlich ist, wofür das Herz selbst in diesem Zusammenhang steht. (...) In modernen Zeiten stellen wir uns das Herz als Sitz der Gefühle und Empfindungen vor, aber in alten Zeiten, als diese Geste entstand, war das ganz anders.

Damals wurde das Herz als die eigentliche Essenz des Menschen angesehen – als seine Intelligenz und Mittelpunkt seines Seins.

Das war es, was die Alten symbolisch berührten, wenn sie mit der Hand auf dem Herzen dastanden. Das Gehirn wurde in jenen frühen Zeiten ganz schlicht als Instrument der Intelligenz des Herzens angesehen.»

*«Man sagt ja schon mal: Das liegt mir **am Herzen**!»*

*«‹Verschwende **Deine Liebe**!› ... Den Spruch **find' ich** toll!»*

DEIN INNERES KOORDINATENKREUZ

Jeder Mensch trägt in sich selbst einen Kompass, ein inneres «Koordinatenkreuz».

Sich dieses Kreuzes bewusst zu sein und seine Energien zu bündeln, zu fokussieren, ermöglicht dem

Menschen, sich seiner eigenen Identität bewusst zu werden und sein Leben selbstbestimmend schöpferisch zu gestalten.

Dieses Koordinatenkreuz besteht aus den ersten **4** der insgesamt **7 Schlüssel**: den Energien Klarheit, Liebe, Vertrauen und Mut. Daraus entwickeln sich die Energien der Dankbarkeit, der Freude und die Verbindung zum Licht. Aber erst alle **7 Schlüssel** öffnen das Tor zur umfassenden Harmonie, zu einem reichen Leben.

Wer sich auf diese Energien konzentriert, setzt seine unbewussten Potenziale und Ressourcen frei.

Und diese 7 Energieschlüssel sind es nun, die dem Menschen den Zugang zu sich selbst eröffnen können – denn wer in sich selbst festen Stand gewinnt, lässt sich nicht durch Stress und Hektik aus der Ruhe bringen, sondern bewahrt seinen klaren Kopf und steigert seine emotionale Intelligenz.

DER (HINTER) GRUND

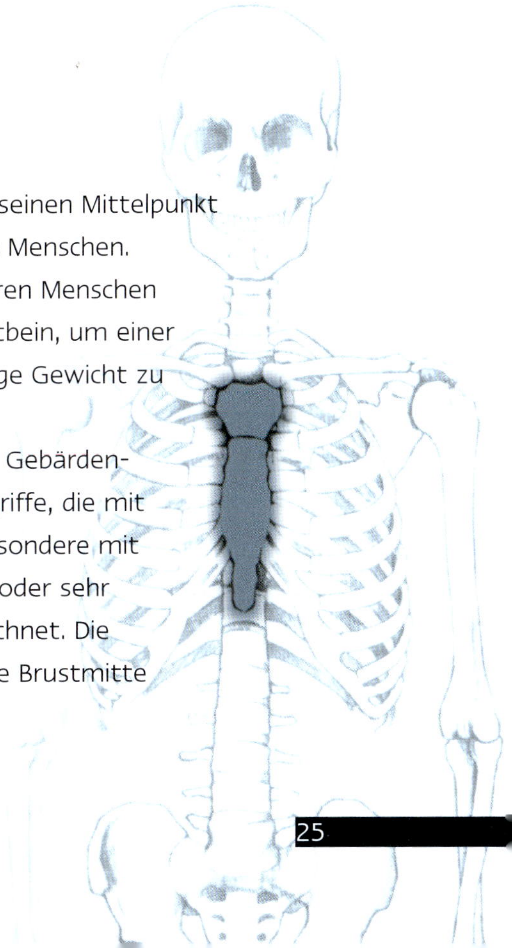

Das Koordinatenkreuz hat seinen Mittelpunkt im Sternum (=Brustbein) des Menschen.

Überall auf der Welt berühren Menschen unbewusst in Gesten ihr Brustbein, um einer sie selbst betreffenden Aussage Gewicht zu verleihen.

In den Taubstummen- und Gebärdensprachen werden fast alle Begriffe, die mit der Seele zu tun haben, insbesondere mit dem emotionalen Aspekt, an oder sehr nahe zu der Brustmitte bezeichnet. Die Handformen variieren, aber die Brustmitte

«ich, mir, mich»

«mein, meine»

als Ausführungsstelle bleibt fest. So werden z. B. die Worte «ich, mir, mich» ebenso wie die Aussage «ich bin ...» durch das Berühren des Sternums mit dem Zeigefinger ausgedrückt. Um die Besitzpronomen «mein, meine» zu verdeutlichen, wird die flache Hand mitten auf das Sternum gelegt ...

«ich bin ...»

Tarzan-Darsteller Johnny Weissmuller trommelte sich beidhändig auf die Brust, um sich für den Kampf zu präparieren.

*«Tarzan? Das war doch immer **dieser hier**!»*

Tarzan – Held des Dschungels

Edgar Rice Burrough schrieb 1914 seinen ersten Tarzan-Roman. Damals ahnte er sicher nicht, dass aus seinem Titelheld eine der populärsten Medienfiguren der Film- und Comic-Geschichte werden sollte. Tarzan, der Herr des Dschungels, wurde insbesondere in der Verfilmung von Johnny Weissmuller zu einem legendären Erfolg. Er symbolisierte wie kein Zweiter das Klischee des Wilden, der einfach, aber mit der Natur im Einklang lebt.

Weissmullers Tarzan wurde zur Marke durch seinen weltberühmten Schrei, für den Tontechniker am Mischpult verschiedene Tierrufe zusammenmixten. Ebenso aber durch seine begleitende Geste, mit beiden Fäusten hochfrequent auf seiner Brust herumzutrommeln.

War es Machtdemonstration, Imponiergehabe oder Zeichen des Triumphs, das der Oberförster Zentralafrikas uns da geboten hat? Vielleicht war es auch – psychologisch betrachtet – Teil der Ich-Stärkung, mit dem der Dschungelheld aufwartete. Für manche körperorientierten Therapeuten ist das Sternum schließlich Sitz des Selbstbewusstseins und Selbstwertgefühls eines Menschen.

Der bekannte amerikanische Motivationstrainer Anthony Robbins hätte an dieser Stelle vielleicht angemerkt: Er verändert seine Physiologie. Er bringt sich in den Spitzenzustand. Das ist «Momentum», der Zustand stärkster Kraft und Energie.

Songschreiber und Amulett-Träger Eric Burdon («The Animals»: Nr. 1-Hit 1964 «The House of the Rising Sun») im Jahre 2004: *«Ich danke Gott, dass es mich immer noch gibt und dass er mich meinen Job zu Ende machen lässt.»*

QLink

Das franziskanische «Tau»

Auch Amulette mit Unheil abwehrender und energetisierender Wirkung werden überwiegend auf dem Sternum aufliegend getragen.

Der QLink, der die Funktion des körpereigenen Energiesystems stimulieren und das Immunsystem gegen elektromagnetische Strahlung unterstützen soll, wird auf dem Brustbein in Höhe des Herzens platziert. «Genau dort», so die Wissenschaftler, «befindet sich das Zentrum für das bioenergetische System des Menschen».

Das Sternum ist der Sitz der Priesterbrosche, der Brustschmuck des Hohen Priesters («Du bist mein Schild und mein Schutz»).

Das franziskanische Friedenszeichen, das «Tau», wird als Vermächtnis des heiligen Franz von Assisi und Zeichen der Erlösung ebenso auf dem Sternum getragen wie das christliche Symbol des Kreuzes.

In den USA und andernorts gibt es erste Hypothesen darüber, dass eben hier eine dritte autonome Intelligenz des Menschen (nach dem Kopf- und Bauchgehirn) ihre Wurzel hat: die Herzintelligenz.

In der traditionellen Chinesischen Medizin befindet sich in der Mitte des Brustbeins der Akupunkturpunkt «KG 17» (Konzeptionsgefäß 17), an dem sich im chinesischen Verständnis die Seele mit dem Körper verbindet.

Auch in den Religionen der peruanischen und bolivianischen Anden gilt das Sternum als Sitz der Seele.

Liebeskummer in den Anden

Liebeskummer gilt in den Anden Südamerikas als ernstes Phänomen. Man betrachtet ihn als eine Art von Seelenverlust, ein Teil der eigenen Seele geht weg, geht zu der Person, die man liebt und bleibt dort. Die Andenbewohner glauben, dass der verlorene Seelenteil irgendwo auf der Erde einsam und verlassen umherirrt.

Im Heilritual wird die Seele «gerufen»: Der Heiler pfeift nach ihr, wirbelt ein möglichst viel getragenes Kleidungsstück durch die Luft und ruft mit sanfter Stimme ihren Namen.

Dann wird die Seele in Stirn, Brustbein und Nacken eingehaucht ...

Im Schamanismus der Huichol-Indianer (Mexiko) ist das «Nierica» im Sternum der Durchgang zum eigenen Ich, zum Kosmos und zu den Göttern.

Ganesha, Sohn der wichtigsten Hindu-Gottheiten Shiva und Parvati, gilt als Gott der höchsten Erkenntnis. Sein mächtiger Elefantenkopf symbolisiert Weisheit. Liegt sein Rüssel über Sternum und Herzgegend, bringt das – nach hinduistischer Anschauung – Wohlergehen und Glück.

Yoga

In der Lehre des Enneagramms ist die Mitte, das vierte Chakra, der Transformationspunkt.

Auch im indischen Yoga gibt es Stimmen, die sagen, dass die Brustmitte der Sitz der Seele sei.

In der indischen Chakrenlehre fließen alle Energien der drei oberen und drei unteren Chakren im Herz-Chakra (= Sternum) zusammen.

Das Anahata-Chakra (Herz-Chakra) repräsentiert das Kommunikationszentrum, die «Herzmitte», das Verstehen, die reine und allumfassende Liebe. Es gilt aber auch als der Sitz unseres Kollektivbewusstseins. Dem Herz-Chakra ist die Thymusdrüse zugeordnet.

Auch wenn es noch wenig bekannt ist, klopfen sich immer mehr Menschen mehrfach hintereinander auf ihr Sternum, um die Thymusdrüse zu aktivieren. Das soll die Produktion der körpereigenen T-Zellen, die beispielsweise bei der Bekämpfung von Krebserkrankungen und allgemein zur Verbesserung der Immunabwehr benötigt werden, anregen und stärken.

Diese im Sternum gelegene Thymusdrüse (zuständig für das Immunsystem), deren Funktion früher der Mut zugeschrieben wurde, das Herz als Symbol des Lebens und das Brustbein als Schutzschild, fließen energetisch in diesem Punkt zusammen.

Im katholischen Christentum wird das Sternum liturgisch berührt beim Bekreuzigen, beim Aussprechen des Schuldbekenntnisses (Mea culpa) sowie beim befreienden Agnus Dei («...aber sprich nur ein Wort, so wird meine Seele gesund.») Im Agnus Dei treffen sich im Sternum der Sünder wie der Erlöser. Hier werden die Stirn als Sitz des Verstandes und der Vernunft, der Mund und das Herz gesegnet.

Der über die 7 Energieschlüssel erreichte Zugang zur Mitte des Selbst schenkt dem Menschen umfassende Harmonie.

Der Weg dorthin fühlt sich in etwa so an, wie ich es Dir mit knappen Worten – einer Routenbeschreibung zu den einzelnen Stationen des inneren Wandelns und Wandels – zeigen möchte...

Georg Rupp

Der Mensch spürt, wer er ist, was er will und was er soll – die eigene Identität weist ihm zuverlässig die Richtung wie ein Leuchtfeuer. Die Kombination aus Bewusstem (rationale Intelligenz, IQ, Kopf) und Unbewusstem (emotionale Intelligenz, EQ, Bauch) versetzt den Menschen in die Lage, sichere Urteile und Entscheidungen zu treffen sowie stimmig zu handeln. So wird der Grundstein gelegt für die Entwicklung des «dritten Gehirns»: der Herzintelligenz.

Die zunehmende Übereinstimmung von Lebensentwurf und dem tatsächlich gelebten Leben in den wesentlichen Dingen, fördert Zufriedenheit, Gesundheit und Leistungsfähigkeit.

Diese in der Harmonie erfahrene Identität befähigt den Menschen, sich aus sich selbst heraus, also frei, zu definieren: Angstgefühle und «Minderwertigkeitskomplexe», der ärgste Hemmschuh der Entwicklung, erübrigen sich.

Wer sich selbst als unvergleichlich erfährt, wer dieses Gefühl der Einmaligkeit körperlich spürt, wer weiß: «Ich bin ich» – kann angstfrei leben und seine geistigen, psychischen und körperlichen Energien für selbstgewählte Ziele einsetzen, statt sie zur Kompensation negativer Emotionen zu verschwenden.

Er befindet sich auf dem Weg in die wirkliche Freiheit.

Marken-Bewusstsein

Frau, 54 Jahre:

«Ich bin eine Marke! (mit drei Fingern auf das Sternum getippt ...)
Marke bin ich selber. Ich fühle das auch!
Es ist meine Meinung ... und es ist ehrlich: (Hand aufs Sternum gelegt ...)
Mein Mann guckt auf Marken. Aber ich brauche keine Markensachen.
Das ist meine Zeit, und meine Freiheit ... und meine Entscheidung!
(mit drei Fingern auf das Sternum getippt ...)
Marke bin ich selber!»

Begegnung mit Rocky

Sylvester Stallone als Boxer «Rocky Balboa» in «Rocky III»

Der Motivationstrainer Anthony Robbins hat nicht nur eine erfolgreiche Karriere hinter sich – im Grunde hat er auch menschlich vieles erreicht, was er wollte. So verwundert es nicht, wenn er sehr bewegt, mit einer Hand-aufs-Herz-Geste, von seiner Begegnung mit Sylvester Stallone berichtet:

«Mit seinem Drehbuch vom Boxer Rocky Balboa rannte er wieder und wieder den Film-Agenturen die Türen ein. Doch niemand schien an sein schauspielerisches Talent zu glauben. Schließlich bot man ihm 125000 Dollar für das Drehbuch – unter der Voraussetzung, dass er nicht mitspielte. Die Filmemacher wollten nämlich Ryan O'Neill als Hauptdarsteller für ‹Rocky›.

Stallone entgegnete: ‹Ich weiß, dass ihn niemand besser spielen kann als ich. Ich bin Rocky!›» Während er berichtet, schlägt sich Robbins mit beiden Händen auf die Brust ... «So hat Stallone es gefühlt!»

Und weiter: «Stallone, der uneingeschränkt an sich

glaubte, gab nicht auf.

Er kämpfte um seine Filmrolle. Schließlich entschied er sich, das Drehbuch für 30.000 Dollar zu verkaufen, und ohne Künstlergage bei einer Erfolgsbeteiligung von 5% die Rolle des Boxers zu übernehmen. Das Ergebnis ist bekannt: Stallone wurde als ‹Rocky Balboa, der italienische Hengst› eine der legendären Filmfiguren der 80er Jahre.»

Robbins: «Die Begegnung mit diesem Mann und seiner Erfolgsgeschichte ... sie hat mich wirklich sehr verändert.» Und wieder berührt seine Hand das Sternum ...

ICH BIN ÜBERALL AUF DER WELT GEWESEN
UND HABE NACH EINEM LEITSTERN GESUCHT.

ICH BIN ÜBERALL HINGEGANGEN, OHNE ZU RUHEN,
DES NACHTS UND AM TAGE.

ENDLICH HABE ICH DEN PREDIGER GEFUNDEN,
DER MIR DIE AUGEN ÖFFNETE UND WAHRHEIT
VERKÜNDETE.

ICH BLICKTE IN MEINE SEELE,
UND DAS LICHT, NACH DEM ICH AUF DER GANZEN
WELT SUCHTE ...

WAR IN MIR.

WEISHEIT DES OSTENS

2. VORHANG AUF: DAS GEHEIMNIS DES STERNUMS

Wo vermutest Du die Seele?

Therapeut:	*Wo vermuten Sie die Mitte des Menschen?*
Klientin:	*Da!*
	(legt die Hand auf den Bauch)
Therapeut:	*Und wo sitzt für Sie die Seele?*
Klientin:	*Da!*
	(legt die flache Hand auf das Sternum)
Therapeut:	*Und wie kommen Sie darauf?*
Klientin:	*Aus dem Bauch heraus!*
	(legt spontan beide Hände gekreuzt auf das Sternum)

Die häufig benutzte Redewendung …

«Ein Herz und eine Seele» deutet auf die räumliche und innige Nähe dieser beiden Begriffe. Sie findet sich schon in der Apostelgeschichte im Neuen Testament. Dort heißt es: «Die Menge aber der Gläubigen war ein Herz und eine Seele ...» (Apostelgeschichte 4, 32).

In einer WDR-Sendung ‹**Hallo Ü-Wagen**› der 70er Jahre konterte die Moderatorin Carmen Thomas die Aussage einer Funktionärin: «Wir sind ein Herz und eine Seele!» mit der spontanen Bemerkung: «Wie kann ich mir das vorstellen ...? ... Stehen Sie da Brust an Brust?»

*«**Ich** hatte eine Rolle im ‹Till Eulenspiegel›. Da gab's eine Szene ... da musste **ich** sagen: ‹**Ich** will meinen Hut nur noch vor **Gott** ziehen müssen ...›»*

DAS STERNUM – SITZ DER SEELE?

DIE SEELE REGIERT DEN KÖRPER VOM HERZEN AUS. DIE KRAFT, DIE DAS HERZ ANTREIBT, IST DIE SEELE.

DIE «HERZLEHRE» DES ARISTOTELES
384 – 322 vor Christus

Als Verweis auf das eigene Ich, die Mitte der Persönlichkeit, das Zentrum der selbstbewussten, aber auch ängstlichen Person, ist das Sternum durch viele Beispiele – überlieferte Erfahrungen, Gebärdensprache, Chakrenlehre und so weiter – erläutert worden. Wir wissen beispielweise vom britischen Anthropologen Desmond Morris – wie im Abschnitt «Körpersignale» zu lesen ist – dass bestimmte Gesten, durch die Redner die Begriffe «ich», «mir» oder «mich» betonen, mit der Berührung der Brustmitte unterstrichen werden.

Wir wissen aber auch, dass «das Gehirn ... in jenen frühen Zeiten ganz schlicht als Instrument der Intelligenz des Herzens angesehen (wurde)». Wie Morris weiter berichtet, wurde damals «das Herz als die eigentliche Essenz des Menschen angesehen – als seine Intelligenz und Mittelpunkt seines Seins.» (!)

Interessanterweise sind heute – nach der naturwissenschaftlichen Entdeckung des «second brain», des menschlichen Bauchgehirns, durch den Neurobiologen Michael Gershon – erste wissenschaftliche Untersuchungen im Gange, die die Existenz eines dritten Gehirns im Sternum vermuten. So forschen Doc Childre und sein Team im Heartmath-Institute in Boulder Creek/Kalifornien am wissenschaftlichen Nachweis der Herzintelligenz. Würde dieser Nachweis gelingen, könnte sich das Sternum als Dreh- und Angelpunkt und verbindendes Element des Kopf- und Bauchgehirns herausstellen – und damit wieder zu dem werden, was vor langer Zeit – aus einem universellen Wissen heraus – Gültigkeit hatte: **Das Herz als Essenz des**

Menschen, als seine Intelligenz und Mittelpunkt seines Seins.

Wieso soll dieser Bereich des Sternums jetzt aber auch noch der **Berührungspunkt der Seele** sein? Erstens zweifeln viele, dass der Mensch überhaupt so etwas besitzt wie eine Seele, und zweitens kann sich wohl keiner so richtig vorstellen, wie eine Seele aussehen soll. Wenn es sie gibt, passt sie dann überhaupt ins Sternum? Ist sie abgegrenzt, scharf umrissen, klein? Wie eine Kugel, vielleicht auch wie ein großer Diamant?

Ich bin immer mehr davon überzeugt: Die Seele ist eine freifließende Energieform. Weise, sanft, unsterblich.

In der Meditation habe ich Fragen nach dem «Sitz der Seele» gestellt.

Frage: *Ist das Sternum der «Berührungspunkt» der Seele?*

Antwort: *Ja. Du kannst zwar auch sagen: Der Sitz der Seele. Aber das könnte missverstanden werden. Denn dann könnte ja jeder denken: «Oh, was ist die Seele klein und begrenzt. Sie passt ja ins Brustbein.» Dann könnte man sich die Seele vorstellen wie eine Kugel oder eine kleine Pyramide.*

Gedanke: *Oder wie einen wunderschönen, einzigartigen Diamanten!*

Antwort: *Gewiss. Das ist ein schöner Vergleich. Es klingt als Symbol auch wunderbar. Aber das Sternum ist mehr. Es ist diejenige Stelle im menschlichen Körper, an der Du Deine Seele erahnen, erspüren, ja «erfühlen» kannst.*
Die Berührung des Sternums ist die Berührung der Seele.

Hier – im Sternum – ist der Zugang zur Seele.
Der Eingang – die Öffnung.
Die Verbindung Deiner Seele mit der Außenwelt.
Der Sitz Deiner Seele, der Sitz aller Seelen geht über Dich, geht über alle Menschen hinaus.
Die Seele ist nicht auf den Körper begrenzt.
Sie existiert im ständigen Kontakt mit dem Licht und der Liebe Gottes.
Wenn Du sie in Deinem Sternum berührst, berührst Du – über sie –
das Licht und die Liebe Gottes.
Deshalb ist sie so wertvoll.
Deshalb ist dieser Ort so wertvoll.
Kannst Du erahnen, was das für Dich und für alle Menschen bedeutet:
das Licht und die Liebe Gottes berühren zu können?

Seither kann ich nicht mehr daran zweifeln, dass Du im Sternum Deine Seele berühren kannst. Es steht Dir frei, diese Erfahrung auf dem Weg der 7 Schlüssel selber zu machen.

Ich wünsche Dir dabei von Herzen eine berührende und reiche Zeit.

DAS NIERICA DER SCHAMANEN

Die Huichol-Indianer leben seit unzähligen Jahren in den zerklüfteten Abhängen und tiefen Schluchten der Sierra Madre in Mexiko. An die 15.000 Menschen leben heute noch in kleinen «ranchos» von annähernd 100 bis 250 Personen. Sie gelten als der letzte Stamm

Nordamerikas, der bis heute seine vorkolumbianische und vorchristliche, schamanische Tradition bewahren konnte.

Ich traf den Träger des «Schamanen-Gürtels» der Huichols, den Heiler Brant Secunda, auf Kreta. Eine Hauptabsicht der schamanischen Rituale der Huichol-Indianer ist: innere Energie ins Leben, ins Herz zu bringen. Dazu setzen sie sich ans Feuer. Ich frage Brant, warum das Feuer so wichtig ist.

«Weißt Du», antwortet er, «das Feuer ist Teil der genetischen Erinnerung, es ist im Herzen.» Und er fährt fort: «Höre, was das Feuer Dir erzählen will. Meditiere mit dem Feuer ... am besten mit offenen Augen.»

Ich will mehr wissen. «Brant, Du hast vorhin gesagt, die Thymusdrüse ist der Eingang? Der Eingang wohin?»

«In den Kreislauf des Lebens. Schau, das Licht im Herzen ist das gleiche Licht wie das von Großvater Feuer. Wir

Der Schamane Brant Secunda gründete 1979 die «Dance of the Deer Foundation», das Zentrum für schamanische Studien in Kalifornien. *www.shamanism.com*

Das Amulett enthält im Inneren einen Bergkristall. Nach Ansicht der Huichols helfen beide Energien, Herz und Seele zu öffnen.

Garnbild eines Schamanen-Künstlers der Huichol-Indianer. Der Kreis in der Mitte stellt das Nierica dar, die Verbindung zum Kosmos und zu den Göttern.

verbinden uns mit ihm. Das ist das erste Ziel. Und zweitens, das Licht über die ganze Welt zu schicken, zu allen Menschen.»

Ich brauche noch mehr Informationen zu den schamanischen Traditionen: «Brant, ich schreibe ein Buch über die Bedeutung des Sternums. Jetzt komme ich hierher und erfahre, dass dieser Bereich auch in Eurer Tradition eine besondere Rolle spielt. Was hat es mit dem Sternum in Euren schamanischen Ritualen auf sich?»

Brant: «Wir nennen diesen Teil auf der Mitte der Brust, den Ihr auch das Herz-Chakra nennt, ‹Nierica›. Mein Großvater und Lehrmeister, Don José Matsuwa, sagte immer: ‹It´s a street to the gods›. Es ist nicht nur die Straße zu den Göttern, es ist auch ein Spiegel vom heiligen Wissen, die Verbindung zwischen den Welten. Das Symbol des Herzens ist der Hirsch. Wir rufen also den Hirschgeist zur Hilfe, um unser Nierica, die Verbindung zum Göttlichen, zu öffnen. Du musst wissen: Es ist der Durchgang zum Ich, zum Kosmos und zu den Göttern. Die Huichols sagen: Finde die Stille, höre auf Dein Herz und lausche dem Hirsch. Wir sagen sogar: Das fünfte Element ist unser Herz. Hier trifft sich alles wie in der Mitte eines Kreuzes. Das Herz aber ist der Diamant. Deshalb: Setzt Euer Herz frei!»

«Here is ...» sagt der Heiler Brant Secunda lächelnd und klopft sich dabei dreimal mit der Faust auf seine Brust ... »**Here is ... the power of soul!**»

Ich spüre die Entdeckung des Sternums als eine Kostbarkeit. Sie ist beileibe nichts Neues. Sehr altes überliefertes Wissen ist einig darin.

DU KANNST DEIN LEBEN
NICHT VERLÄNGERN
NOCH VERBREITERN,
NUR
VERTIEFEN.

GORCH FOCK

DAS STERNUM IM KATHOLISCHEN CHRISTENTUM

In der Liturgie spielt das Sternum eine eher unbewusste, aber dennoch besondere Rolle. Im römisch-katholischen Ritus ist das Bekreuzigen mit den Worten «Im Namen des Vaters, des Sohnes und des Heiligen Geistes» ein fester Bestandteil jedes Gottesdienstes und vieler Gebete. Dabei wird das Kreuzzeichen gestisch wie folgt ausgedrückt:

Darstellung der Madonna della Semplice Pace im «Assisi Centro Ritiri Est-Ovest» (Assisi, Italien)

«**Im Namen des Vaters** ...»
(Berührung der Stirnesmitte)
«... **und des Sohnes** ...»
(... meistens Berührung des unteren Brustbeines)
«... **und des Heiligen** ...»
(... der linken Körperseite in Nähe der Achselhöhle)
«... **Geistes. Amen.**»
(... der rechten Körperseite in Nähe der Achselhöhle)

Erstaunlicherweise findet sich in der christlichen Literatur kaum ein Hinweis auf die Bedeutung der Schnittstelle des Kreuzes. Zwar zeigt das Symbol der Glaubensgemeinschaft der Rosenkreuzer eine Rose an der Stelle der Durchdringung von waagerechtem und senkrechtem Balken, und Repliken verschiedener Kreuze, die heute als Symbol und Schmuckstück getragen werden, weisen in der Mitte Halbedelsteine, wie einen Granat oder den glutroten Karneol auf – aber besonderes Augenmerk wird scheinbar nicht darauf gelegt.

In zahlreichen Kirchen, besonders im Süden Europas, finden sich Abbildungen und Gemälde der sogenannten «Herz-Jesu-Frömmigkeit». Auf diesen Darstellungen von Jesus, Maria und anderen Heiligen, wird ein rotes, oft dornenumkränztes oder durchbohrtes Herz in der Brustmitte gezeigt.

Eine eindeutige Rolle spielt das Sternum beim Schuldbekenntnis zu Beginn jeder römisch-katholischen Messfeier. Hier wird im «Confiteor» mit den Worten «Ich bekenne Gott, dem Allmächtigen ...» die eigene Schuld bekräftigt: mea culpa. Dieses Anerkennen schuldhaften Denkens und Handelns wird begleitet vom dreimaligen Klopfen mit der geschlossenen Hand auf die Mitte des Sternums. Hier wird die Eigenverantwortung für ein Fehlverhalten deutlich gemacht und bekundet («Durch meine Schuld ...»).

Aber – Gott sei Dank – findet im Ritus später auch die Entlastung an derselben Stelle statt, im befreienden, das Sternum berührenden «Agnus Dei»:

«Herr, ich bin nicht würdig, dass Du eingehst unter mein Dach. Aber sprich nur ein Wort, so wird meine **Seele** gesund.»

ALLES IM LEBEN KANN WARTEN.
NICHT ABER DIE SUCHE NACH GOTT.
GEORGE HARRISON

IST GOTT «ERKLÄRBAR»?

In diesem Buch ist an vielen Textstellen die Rede von Gott. Dieses Wort oder die Bedeutung, die dahinter steht, ist für viele Menschen problematisch.
Das hat in den meisten Fällen mit der Erziehung im Kindesalter zu tun.

**Hubble:
Blick in die Kinderstube des Universums**

Eine Aufnahme des Weltraumteleskops Hubble vom 9.3.2004 ermöglicht der Wissenschaft einen Blick in die Kinderstube des Universums – vor mehr als 13 Milliarden Jahren – und zeigt etwa 10.000 Galaxien. Danach befand sich das Universum noch in den frühen Phasen seiner Entwicklung.

Schlaf-Störung

Ich erinnere mich, wie ich mit 10 Jahren in meinem Bettchen lag und über das «Nichts» nachdachte ... nachts nachdenken hält extrem wach. Im Religionsunterricht hatten wir gelernt, dass Gott Himmel und Erde erschaffen hat, und das ganze Universum dazu. Bis zu einem gewissen Grade leuchtete mir das ein.

Ich überlegte: Wenn es Gott gibt, dann ist ja alles in Ordnung. Wenn es aber Gott nicht gäbe, gäbe es ja nicht nur mich und meine Eltern nicht, sondern auch keine Klassenkameraden und keine mir bekannten und unbekannten Menschen ... Dann gäbe es keine Erde, keine Sonne, keine Sterne. Es gäbe – nichts.

Was aber wäre, wenn es buchstäblich «nichts» gäbe? Wie fühlt sich das «Nichts» an? Ist es schwarz? Oder hohl? Ist es eine mir nicht bekannte Daseinsform? Oder wirklich ... nichts? Also ... Leere? Und wie würde ich mich fühlen, wenn es mich nicht gäbe? Wo wäre ich – oder nicht?

Mein Gehirn war mächtig überfordert damit, sich tief in das «Nichts» hineinzudenken. Ich weiß noch heute, wie ich immer wacher wurde, um das «Nichts» begreifen zu können. Vergebens ...

Ich bekam Kopfschmerzen. Dumpfe, elende Kopfschmerzen. Das «Nichts» war nicht denkbar. Kurz vor dem Einschlafen tröstete ich mich mit einem Gedanken: Es gibt Gott! Denn etwas, was ich nicht begreifen kann, was aber existiert, ist weniger schmerzhaft als etwas, was ich nicht begreifen kann, weil es nicht existiert.

Gott wurde nicht selten missbraucht als Aufpasser und Kontrolleur («Der liebe Gott sieht alles!») oder gar als strafender Übervater, als Vergeltung ausübende Instanz.

E

Zweifel

Gedanke: *Ich habe als Jugendlicher daran gezweifelt, dass es Gott gibt.*

Antwort: *Es ist besser, Du zweifelst und machst Dir Deine eigenen Gedanken über Gott und die Welt – als dass Du alles hinnimmst ohne den eigenen Erfahrungshorizont.*

Für manche ist Gott noch immer der «gütige alte Mann mit langem, weißem Bart», der von seiner Himmelswolke mehr oder weniger wohlwollend auf die Erde herabblickt. Für viele ist Gott eine Wesensgestalt außerhalb von uns selbst. Schade, denn das verstellt den Blick auf die wesentlichen Zusammenhänge.

Wenn in diesem Buch von «**Gott**» die Rede ist, dann in einer Bedeutung, die für mich persönlich gilt. Denn so habe ich es erfahren:

E

Gott ist freie, offene, grenzenlos liebende Energie.
Gott ist die höchste Form der Liebe.
Gott umhüllt und durchdringt alles.
Gott ist liebende Einheit.
Alles ist Teil des liebenden Gottes.
Jeder und alles ist in Gott.
Gott hält und schützt und liebt.
Wenn Gott nicht halten, schützen und lieben würde, würde er sich selbst aufgeben.
Gott ist das Herz allen Seins.
Seine Worte, mehr noch seine Liebe, findest Du in der Tiefe und Weite Deines Herzens und Deiner Seele.
Vertraue der Güte Gottes. Hier bist Du geborgen.
Seine Liebe und seine Weisheit machen Dich frei.

PSALM 91

**(9) «... Denn der Herr ist Deine Zuflucht,
Du hast Dir den Höchsten als Schutz erwählt...»**

Manchmal ist es so schwer, an einen guten Gott zu glauben, wenn er Flugzeuge abstürzen und Katastrophen passieren lässt. Dennoch – im Nachhinein betrachtet, erkennen wir seine Gegenwart, denn sie geschehen ja, die Zeichen und Wunder:

Eine Fokker F.27 Friendship aus den Anfängen der LTU auf dem Flughafen Düsseldorf-Lohausen im April 1962.

Ich war knapp 14 Jahre alt, als ich meinen Jungfernflug im April 1962 nach Mallorca erlebte, wo wir die Osterferien verbringen wollten. Pünktlich hob die Fokker 27 vom Flughafen Düsseldorf ab, einem neuen Abenteuer entgegen. Vom Norden kommend, waren die Berge der balearischen Insel schon zu erkennen, als es passierte ... erste Turbulenzen – und die ganze Maschine stürzte schlagartig senkrecht abwärts. Dann – ein gewaltiger Aufprall auf der Luft! Wie kann man auf Luft aufprallen? Beine flogen in die Höhe, das Gepäck schleuderte zu Boden, durch die Schreie mancher Passagiere wurde mir schlagartig bewusst: Angst! Panik! Wir stürzen ab! Ich spürte zum ersten Male in meinem Leben, wie sich nackte Angst anfühlt, die Angst in der Brust, wenn es so eng wird, dass der Atem stockt.

In diesen Sekunden, nachdem wir Hunderte von Metern wie ein Stein in die Tiefe gefallen waren, konfrontierte mich das Leben mit diffusen Gedanken an das Ende, an mein Ende. Fühlbar war die Seele – aus heutiger Sicht: der Brustbereich, starr ummantelt, wie in Ketten gelegt, gelähmt und verpanzert ... alle Energie wie in einem schwarzen Loch zusammengezogen.

Ein zweites Mal drückten uns die Fallwinde in die Tiefe. Die Fokker war zum Spielball eines Wirbelsturmes geworden. Ich erinnere mich an keinen klaren Gedanken, bis es dem Piloten gelang, die Maschine endlich aus dem Auge des Tornados herauszureißen ...

Seither weiß ich intuitiv: Gefühle, die auf die Seele schlagen, kreuzen sich inmitten der Brust – und ... weitaus wichtiger – das Wissen um die Tatsache:
Es gibt einen Gott in meinem Leben.

Wie viel Gott darf´s denn sein?

Aus einer Zeitungsnotiz vom 6. April 2004:

Wahrscheinlichkeit von Gott berechnet

Ein britischer Physiker hat berechnet, dass Gott mit einer Wahrscheinlichkeit von 67 Prozent existiert. Wie die Zeitung «The Times» meldete, benutzte der Naturwissenschaftler Stephen Unwin eine über 200 Jahre alte Theorie des englischen Mathematikers Thomas Bayes (1702-1767), um zu berechnen, dass die Chancen für die Existenz Gottes zwei zu eins stehen. Unwin bezog in seine Berechnung unter anderem die Aspekte Gut und Böse, Wunder und übernatürliche Erscheinungen, menschliches Leiden und den freien Willen des Menschen ein. Auch moralisches Denken und philosophische Ansätze wurden berücksichtigt.

67 Prozent Gott ... Reicht Dir das?
Oder darf es ein bisschen mehr sein?

3. DER AUFBRUCH DES HERZENS … ODER: FEUER UND FLAMME

IN DIR MUSS BRENNEN,
WAS DU IN ANDEREN
ENTZÜNDEN WILLST.

AUGUSTINUS, KIRCHENLEHRER
354 – 430 nach Christus

In den alten Zeiten,
wo das Wünschen noch geholfen hat …

DER EISERNE HEINRICH

Gebrüder Grimm

Das Ende des Märchens «**Der Froschkönig**» hält noch einmal eine Überraschung bereit:

«Als die Sonne sie aufweckte, kam ein Wagen herangefahren, mit acht weißen Pferden bespannt, die hatten weiße Straußenfedern auf dem Kopf und gingen in goldenen Ketten, und hinten stand der Diener des jungen Königs, das war der treue Heinrich.
Der treue Heinrich hatte sich so betrübt, als sein Herr war in einen Frosch verwandelt worden, dass er drei eiserne Bande hatte um sein Herz legen lassen, damit es ihm nicht vor Weh und Traurigkeit zerspränge.
Der Wagen aber sollte den jungen König in sein Reich abholen; der treue Heinrich hob beide hinein, stellte sich hinten wieder auf und war voller Freude über die Erlösung. Und als sie ein Stück Wegs gefahren waren, hörte der Königssohn, dass es hinter ihm krachte, als wäre etwas zerbrochen. Da drehte er sich um und rief:

«Heinrich, der Wagen bricht.»
«Nein, Herr, der Wagen nicht,
es ist ein Band von meinem Herzen,

das da lag in großen Schmerzen,
als Ihr in dem Brunnen saßt,
als Ihr eine Fretsche wast.»

Noch einmal und noch einmal krachte es auf dem Weg, und der Königssohn meinte immer, der Wagen bräche, und es waren doch nur die Bande, die vom Herzen des treuen Heinrich absprangen, weil sein Herr erlöst und glücklich war.»

Das sprechende Bild vom «eisernen Heinrich» besagt in der tiefenpsychologischen Interpretation von Eugen Drewermann Folgendes:

«Die Eisenklammern, die das Herz eines derart Verängstigten (Königsohns) umschließen, können sich nur lösen durch die Erfahrung einer Liebe, die das gesamte Sicherungsgefüge aus Hilfsbereitschaft und Werbung um Beachtung ein für allemal überflüssig macht. Dabei kann das, was als Befreiung wirkt, zunächst erscheinen wie Rad- und Achsenbruch. Unser Märchen mündet in der Erkenntnis, dass die einzige Form solcher ‹Herzensweite›, wesentlich betrachtet, in der Liebe besteht.»

zitiert aus: Eugen Drewermann:
Der Froschkönig – Märchen tiefenpsychologisch gedeutet.
(Walter Verlag, Düsseldorf und Zürich, 2003)

Entrümpelt!

Frau, 48 Jahre:

«Als ich den Keller entrümpelt hatte ... das war, als würde hier alles aufbrechen ... (beide Fingerreihen rechts und links vom Sternum aufgesetzt) *... da habe ich wieder richtig Luft gekriegt! Ich konnte wieder richtig atmen!»*

WIE DIE BEGEGNUNG MIT DEM STERNUM MEIN LEBEN VERÄNDERTE

Es war im Sommer 1967. Ich war gerade 19 Jahre alt und hatte die erste Phase meiner Ausbildung zum Finanzanwärter mit Ach und Krach hinter mich gebracht. Es war eigentlich nicht das, was ich mir erträumte.

Da ich aber durch die Bank weg ein schlechter Schüler gewesen war, bestenfalls ein begnadeter Saisonarbeiter im Endspurt vor der Versetzung, meinte mein Vater, ich solle etwas Richtiges lernen. Das Finanzamt wäre zwar nicht beliebt, aber doch etwas Vernünftiges, denn Steuern würde es wohl immer geben.

Weil mir nichts Besseres einfiel, denn eine spezielle Begabung konnte ich bei mir nicht feststellen, ließ ich mich auf die Steuergesetze ein. Im Stillen nagten aber Zweifel.

Meine alten Klassenkameraden standen währenddessen in den Startlöchern zum Abitur, was in mir eine stille und nicht fassbare Sehnsucht weckte, nach dem Motto: Hättest Du nicht auch ...? Nein, ich hatte mir das Abitur nicht zugetraut und damit basta. Das Finanzamt war mein Schicksal.

Trotzdem fing ich an, im Stillen eine Liste zu erstellen, Plus- und Minuspunkte zu den Alternativen «Finanzamt» und «Schule» zu sammeln. Letzten Endes führten diese Bewertungen nach einer Woche des Hin- und Herüberlegens zu keinem klaren Ergebnis. Mein Kopf war also unfähig, eindeutig Position zu beziehen.

Ich haderte mit dieser Uneindeutigkeit, diesem Gespaltensein, dieser Zwickmühle: Auf der einen Seite die Angst, im Abitur zu versagen, mangels Begabung oder Fleiß – und der unattraktiven und lähmenden Vorstellung, bis zum 65. Lebensjahr zwischen Einkommensteuerakten mein Leben zu fristen.

Diese Pattsituation, dieser Konflikt des Nicht-entscheiden-Könnens, dieses elende Gefühl der Unklarheit und inneren Blockade, führte zur ersten depressiven Verstimmung meines Lebens. Ich zog mich nach Dienstende von allem zurück, ging kaum unter Menschen, zweifelte immer mehr an mir selbst und ertappte mich eines Tages sogar bei dem Wunsch, noch mal neu geboren zu werden – dann aber alles ganz anders anzufangen.

Wie also war der Sackgasse zu entrinnen?

Ich wusste mittlerweile: Der Verstand ist unfähig, mir die entscheidende Antwort zu geben. Ich konnte also nur auf mein Gefühl oder auf eine innere Stimme hoffen, von deren Existenz ich aber nicht so richtig überzeugt war. Eins war mir klar: Dieser Wunsch nach einer neuen Lebenschance, der Möglichkeit, das Leben vom ersten Tag nochmals durchlaufen zu können, war unmöglich. Kein Tag, keine Stunde, erst recht nicht 19 Jahre ... waren zurückzudrehen. Schmerzlich wurde mir bewusst: Ich kann hier und jetzt nicht noch einmal als Säugling beginnen: «Mein Freund, keine Chance!»

Was mir in dieser vertrackten Situation zur Hilfe kam, war ein Poster, das ich bereits zwei Jahre zuvor an der Innentür des Bades befestigt hatte. Darauf stand ein Spruch, eine alte Indianer-Weisheit, deren Sinngehalt mir ab jetzt bei jeder Morgentoilette immer tiefer einleuchtete:

«THIS DAY IS THE FIRST DAY OF THE REST OF YOUR LIFE.»

Dieser Tag ist der erste Tag vom Rest Deines Lebens!

Ab jetzt nahm ich mir vor, jeden Tag als den Beginn eines neuen Lebens zu betrachten. Unglaublich, manche Gedanken hängen einem tagtäglich vor Augen, und doch sagen sie einem lange Zeit nicht mehr als eine Blümchentapete. Und jetzt auf einmal machte es «klick».

Die Umstände ermutigten mich zu einem Experiment. Ich wollte, nein, ich musste den gordischen Knoten aufdröseln. Schule oder Finanzamt? Ich musste mir eine Situation schaffen, in der mir mein Verstand mit seiner anscheinend unfähigen Analyse nicht in die Quere kommen konnte:

Also, so war meine Idee, es sollte nach Mitternacht geschehen, zumindest im Zustand einer leichten bis mittleren Müdigkeit. Nun war ich zum damaligen Zeitpunkt Antialkoholiker. Aber das Szenario verlangte doch, die Anwesenheit des Geistes irgendwie zu schwächen, weshalb ich mir vorsorglich eine Flasche Rotwein aus Vaters Weinkeller holte.

Jetzt musste noch eine entsprechende Stimmung in meinem Raum geschaffen werden. Eine einzelne Kerze auf dem Tischchen vor dem Knautschsack flackerte unstet. Das übrige Licht wurde gelöscht, und auf den Plattenteller kam eine beseelte Musik, an die ich mich noch sehr genau erinnern kann: Es war ein 25-Minuten-Stück, eine meditative und spirituelle Komposition, bei der nach ungefähr 18 Minuten als einziger Text ein buddhistisches Gebet eingeflochten war.

Nun wurde, ich muss es gestehen, die Flasche Rotwein angesetzt, die ich aber nur zur Hälfte leerte. Es ging mehr um das «Planerfüllen», als um den «Genuss». Ich hatte jedoch den Eindruck, dass der Wein sehr rasch seine Wirkung entfaltete. So war ich guter Hoffnung, auf diese Weise meinem Verstand eins ausgewischt zu haben und murmelte in diese bedächtige Stimmung hinein zwei Worte: «Schule? ... Finanzamt?»

Einfach dasitzend, nicht mehr denkend, in keiner Erwartungshaltung ... ich glaube heute, das war ein einfaches Freigeben in dieses Experiment. Es gab nichts mehr zu erzwingen nach all dieser Zeit, nichts zu favorisieren, es war, wie es war.

Und plötzlich, es waren 18 Minuten vergangen, die ich nicht als Zeitverlauf realisiert hatte, hörte ich dieses buddhistische Gebet, eingebunden in die tragende Musik, als ich etwas spürte, zu spüren begann.

Ich fühlte so etwas wie ein Brennen, etwas Heißes in meinem Bauchraum. Es war völlig umgrenzt, fast punktuell, im wahrsten Sinne des Wortes wie ein Brenn-Punkt.

Und dieses Brennen, das ich erstaunt und verwundert zur Kenntnis nahm, zeigte mir zum ersten Male seit Beginn dieses Sitzens wieder die Existenz meines Körpers. Das Brennen stieg auf, wie in einer inneren schmalen Röhre – nach oben. Mein Kopf beobachtete fast ein wenig belustigt, wie dieses brennende Gefühl Zentimeter um Zentimeter nach oben stieg, bis in meine Brustgegend hinein.

Der Verstand als außenstehender Beobachter dachte: Das ist ja fast so, als ob Magensäure hochsteigt, nur eben nicht ätzend, sondern heiß, ummantelt, geschützt, wertvoll – bis dieses Brennen bis zur Mitte des Sternums angestiegen war –

... **und dann geschah das, was mein Leben mit einem Schlag und in einer einzigen Sekunde veränderte:** Es war, als ob dieses Brennen, dieser aufwärts gestiegene Brenn-Punkt, sich öffnete ... und mit ihm die Mitte der Brust ... und ein warmes, überquellendes Empfinden von Ehrlichkeit, von Wahrheit, von

Dankbarkeit und Freude sich über meinen Brustraum verteilte. Ja, es ergoss sich quasi ein absolutes Vertrauen zu mir und einer höheren Macht ... bei aller Überraschung – von Liebe ...

... und in dieser Sekunde, als sich die Intuition und die Herzensenergie trafen, kam ein einziges Wort, ein einziger Impuls, eine völlig klare und eindeutige Entscheidung, nein, nicht in den Kopf, sondern ins Herz, und das war das Wort «Schule».

Am nächsten Tag ging ich zum Vorsteher des Finanzamtes und kündigte. Einen Tag später meldete ich mich wieder für der Schule an, um das Abitur abzulegen.

Die Depressionen? Nicht mehr vorhanden. Der Knoten war geplatzt. Die Blockade aufgelöst. Ich kam mir vor wie der eiserne Heinrich im Froschkönig.

Bis heute bin ich sehr dankbar, dass mir das Schicksal mit 19 Jahren die Depression geschenkt hat, denn durch sie habe ich gelernt, auf meine innere Stimme zu achten.

Das Brennen im Sternum war der Wegweiser.

DIE WAHREN URSACHEN DER ZUFRIEDENHEIT UND DER ERFÜLLUNG MÜSSEN WIR IN UNS SELBST SUCHEN.

DER XIV. DALAI LAMA

*«**Ich** spüre, dass es wohlig **brennt**...»*

WOHIN DU AUCH GEHST, GEH MIT DEINEM GANZEN HERZEN.

KONFUZIUS
551–470 vor Christus

DER INNERE WEGWEISER

Der berühmte amerikanische Komponist und Dirigent **Leonard Bernstein** wurde ein halbes Jahr vor seinem Tode von einem jungen Reporter gefragt, ob er denn in seiner Jugendzeit auch mal daran gedacht hätte, etwas anderes zu werden als Komponist und Dirigent: «Haben Sie als Jugendlicher irgendwann einmal davon geträumt, einen anderen Beruf zu ergreifen?»

Daraufhin antwortete Mister Bernstein: «Ich habe es immer gehalten mit einer alten Weisheit aus dem Zen, die besagt:
‹**Wenn Du die Frage stellst, ist die Antwort** ...›»
Bernstein zögerte einige Augenblicke und baute – gewollt oder ungewollt – eine fühlbare Spannung auf. Dann sprach er in den Augenblick der Stille hinein – leise, aber betont, das entscheidende Wort:
«‹... **nein**.›»

«Wenn Du die Frage stellst, ist die Antwort: nein!?» wiederholte der Reporter irritiert. Unbeirrt durch die spürbare Hilflosigkeit seines jungen Gegenübers erläuterte der Maestro: «Eigentlich soll man die Weisheiten aus dem Zen ja nicht interpretieren, aber schauen Sie:

Wer wahrhaft liebt, der fragt nicht.
Er liebt ja aus ganzem Herzen.
Warum – und was – sollte er sich fragen?
Wer von einer Idee beseelt ist, der fragt sich nicht:
Ist das richtig?
Lohnt sich die Umsetzung?
Er ist erfüllt.
Er macht und handelt aus vollem Herzen.
Ich habe mich nie gefragt.
Also war es ein guter und richtiger Weg.»

«Fußball? ...
... Das war wie eine Meditation ***für mich*** *...*
eine Meditation ***mit dem Ball.»***

DIE VISION DES REICHEN LEBENS

Es war einmal ein Seefahrer,
der wollte eine Insel in der Mitte des Ozeans entdecken.

Er hatte von dieser Insel geträumt.
Sie musste von vollendeter Schönheit sein,
mit Höhen und Tälern,
mit einer fantastischen Vegetation –
und mit märchenhaften Stränden.
Wahrscheinlich gab es dort Schätze in Hülle und Fülle ...
Jedenfalls hatte er im Traum diese Vision.

Und so ging er auf Abenteuerfahrt.

Sein Schiff überstand die Stürme des Meeres,
die Gefahren der Untiefen,
die brennende Sonne
und die Kälte der Nacht.

Eines Tages war es soweit – er entdeckte seine Insel,
warf den Anker aus ...
und ging an Land.

Und was entdeckte er?

Eine Insel, so schön, wie er sie sich in seinen Träumen immer vorgestellt hatte, ja, schöner noch als ein menschlicher Geist es sich ausmalen kann.

Sein Herz machte Luftsprünge, als seine Füße den fremden Boden berührten.

Frage: *Was bedeutet das:*
Sein Herz machte Luftsprünge, als seine Füße den fremden Boden berührten...?

Antwort: *Die Insel liegt in der Mitte des Meeres.*
Sich selbst entdecken, heißt:
Sein Herz in seiner eigenen Mitte entdecken.
Sein Herz offenbaren.
Es öffnen und offen legen.

Im Herzen fließt alles zusammen.
Alle Energien kreuzen sich im Sternum.
Hier ist der Ort Deiner Wandlung.
Die Öffnung zum wirklichen Selbst.
Zur Tiefe Deiner Seele.

Wenn Du endlich in Deinem Herzen angekommen bist ...
glaubst Du nicht, dass Dein Herz Feuer und Flamme ist, wenn es sich von Dir wahrgenommen und gewürdigt fühlt?

Es ist, wie es ist:
Im Sternum liegt unerschöpflicher Reichtum.

Frage: *Was hat der Seefahrer denn alles erlebt, bis er sich selbst, seine innere Insel, gefunden hatte?*
Was muss der Mensch auf sich nehmen, bis er bei sich angekommen ist?

Antwort: *Zunächst muss er sich entscheiden, dass er überhaupt in See stechen will.*
Er muss die Bereitschaft bekunden, dass sein Schiff auslaufen soll.
Und – er muss es letztendlich tun.

Ich kann nicht am alten Ufer festhalten –
und neues Ufer entdecken.

Ich brauche den Anreiz, die Liebe zum Meer, das Vertrauen zu mir, zum Schiff und zur Mannschaft ...

Ich muss die Angst vor der Tiefe überwinden.
Denn auf hoher See kann ich mir nicht vorgaukeln, dass es unter der Oberfläche des Meeres keine Tiefe gäbe.
Tiefe aber bedeutet Intensität, Vielschichtigkeit, Überraschung und Offenbarung.
Die Tiefe ist Leben.

Tiefgang heißt: Erfahrung haben mit der Vielfalt des Lebens.

Die Tiefe ist reich an Farben und Formen,
an Schaurigem und Schönem,
an Schatten und Licht.

Wenn ich die Tiefe als Verbündete betrachte,
erleichtere und beschleunige ich mir meinen Weg.

Nicht jeder aber will Seefahrer sein.
Du kannst Dich entscheiden:
Segelst Du hin – oder bleibst Du an Land?

Das ist keine Frage von gut oder schlecht.
Es ist immer so, wie Du es siehst.

Der Star-Designer und das Lasso

Luigi Colani, der Schweizer Star-Designer, wurde vor einigen Jahren in einem Rundfunk-Interview gefragt, wie er zu seinen einzigartigen Ideen käme. Ob er sie sich ausdenken würde? Ob ihm die Kreativität angeboren sei?

Daraufhin antwortete Luigi sinngemäß: Ich habe noch nie eine eigene Idee gehabt. Ich bin davon überzeugt, dass alles, was Menschen erfinden, bereits vorher von irgendjemandem gedacht wurde. Gedanken sind für mich aber Energien, die nicht verloren gehen. Ich stelle es mir so vor: Alle Gedanken, die Menschen jemals gedacht haben, sammeln sich in einer Art Membran, die über der Erde hängt.

Und wenn ich eine Idee benötige, werfe ich einfach mein mentales Lasso aus ... und ziehe mir aus dieser Membran das herunter, was ich gebrauchen kann.

DIE ÖFFNUNG DES STERNUMS

Wir reden viel von Erlebnisqualität. Was ist die Erlebnisqualität des Sternums? Wofür ist das Sternum gut? Wo führt es Dich hin? Wie kann ich es einsetzen?

Können wir riskieren, Lebenszufriedenheit nur im Außen zu suchen? Der große Konfuzius (551–470 vor Christus) war der Ansicht: «**Der Weise sucht, was in ihm selber ist, der Tor, was außerhalb.**»

Müssen wir demnach nicht andere «Öffnungen» finden, um wirkliche Lebensqualität zu spüren? Das Sternum ist die Öffnung nach innen.

Durch das Sternum, durch diese Öffnung, durch diesen Ort, wo Du Berührung mit Deiner Seele empfinden kannst, kannst Du an Ressourcen, an Gefühle herankommen, die Dir sonst verschlossen bleiben. Es ist wie das Aufbrechen einer Lotosblüte.

Ich erfahre es oft als ein Brennen im Sternum. Nur, wie lässt sich dieses Brennen beschreiben? Was befördert das Brennen nach außen?

Was kommt aus dem Sternum, wenn es geöffnet ist? Welche Schätze werde ich finden, wenn die 7 Schlüssel die Türen geöffnet haben?

Wie erkläre ich das Empfinden von Seligkeit, von Glück?

Ich weiß, wie schwierig es sein wird, das zu beschreiben. Aber es ist den Versuch wert!

DAS BRENNEN IM STERNUM

Es war in Südfrankreich. Ich war auf Reisen in der Nähe von Toulon, besuchte ein Seminar. An einem freien Nachmittag wollte ich mich nicht der allgemeinen

Tendenz anschließen, St. Tropez zu erobern, sondern fragte den Veranstalter nach einem ruhigeren Ort, eher im Hinterland gelegen.

So entdeckte ich Bormes-les-Mimosas an einem Hang in Küstennähe, nicht touristisch unerschlossen, aber zu diesem Zeitpunkt noch recht still und verträumt.

Mich faszinierten die steilen Treppen, auf denen die Nachmittagssonne ihr Spiel trieb. Der aufbrechende Frühling, der Duft des Südens und diese Einzigartigkeit von Licht und Schatten, die Brechungen und Verwerfungen, die scherenschnittartigen Muster, die der Torbogen warf, und die Helligkeit des Dorfplatzes, auf dem die Boule-Spieler nur im Schatten eines einzigen Baumes Schutz vor der Sonne fanden.

In diesem Szenarium, wo Du nie sicher bist, ob Du Deine Sonnenbrille aufbehalten oder ablegen sollst, weil es auf den Serpentinenstraßen zu hell und in den engen Häuserschluchten zu dunkel ist, inmitten dieser meeresnahen Gerüche der Cote d'Azur, nur unterbrochen von den stinkenden Abgasen knatternder Mopeds, suchte ich meinen Weg durch den Ort.

L'Eglise Saint-Trophyme in Bormes-les-Mimosas, Südfrankreich

Schon fragte ich mich, wo denn in dieser extremen Hanglage die Dorfkirche sei, die sich ja normalerweise am höchsten Ort, sozusagen thronend über allem Irdischen befindet, als mir klar wurde: Es gibt sie nicht. Es lässt sich nicht thronen in dieser Gebirgsidylle ... bis ich sie auf einmal am Ende einer Häuserreihe entdeckte. Ich fühlte mich sehr hineingezogen in diese Dorfkirche.

Es war recht still und kühl und dunkel. Ein schmuckloses Inneres. Nichts für kulturbeflissene Touristen, wohl aber zur Kontemplation geeignet.

Normalerweise pflege ich mich in die letzte oder vorletzte Bank zu setzen, den Blick schweifen zu lassen und vielleicht ein Vaterunser zu beten. Aber dieses Mal zog es mich, ohne dass ich den Grund benennen konnte, ganz nach vorne. Und so sah ich mich auf einmal in der ersten Bankreihe sitzen. Mein Blick fiel auf ein großes Gemälde auf der rechten Seite: Maria, die Mutter Gottes, mit dem blauen Mantel, als Symbol für die himmlische Liebe, und einem roten Herzen in der Brustmitte, das mit einem Schwert durchbohrt war.

Direkt gegenüber auf der linken Seite befand sich die Abbildung des triumphierenden Jesus Christus, mit einem ebenfalls roten, dornenumkränzten Herzen in der Mitte der Brust.

Man könnte nun sagen, dass ich in einem Dreieckswinkel zu beiden Gemälden saß, so, wie man es zu Hause von den Lautsprecherboxen gewohnt ist, um Stereo zu hören. Ich verbat mir

solche Gedanken angesichts des Ortes und schaute unmittelbar vor mir auf das Strahlenkruzifix mit dem gekreuzigten Jesus.

Umgeben von diesen – im künstlerischen Sinne – eher kitschig zu nennenden Zeichen christlichen Glaubens fühlte ich mich in diesem Bergdorf zwischen Hyères und St. Tropez irgendwie zu Hause. Unmerklich wuchs mein Empfinden: Ich wurde in der Mitte zwischen dem Altarkreuz und den beiden Herz-Jesu-Gemälden, ja, wie soll ich es beschreiben, eingesogen.

Es begann nun eine Zeit, oder besser Zeitlosigkeit, die ich, als ich wieder «bei Verstand» war, als eineinhalb Stunden bemessen konnte.

Aber der Reihe nach: Mir fiel zunächst ein, dass ich in den letzten neun Monaten vor diesem denkwürdigen Tag versucht hatte, mein Leben voll und ganz über den Verstand zu regeln.

Ich versuchte, Texte für mein geplantes Buch zu schreiben und kam kein Stück weiter.

Ich versuchte, positiv zu denken: Es war Krampf. Ich versuchte, mein Laufband zu strapazieren: Es half nichts. Ich versuchte, zu meditieren, um Eingebungen zu erfahren: vergebens.

Die letzten neun Monate waren Stress gewesen. Ohne jeden zählbaren Erfolg. Ohne Ausgleich. Ohne Sinn. Ja, ohne wirkliche Lebensqualität.

Mir wurde klar, dass die Lehre aus dieser Zeit nur lauten konnte: Alles, was ich erreichen wollte durch meinen Willen, durch meine Strategie, durch meine Verzettelungen, war der untaugliche Versuch, mit dem Kopf durch die Wand zu wollen. Mir fiel es wie Schuppen von den Augen:

Mein Verstand, der größte Analytiker, ist ein untauglicher Ratgeber, meinem Leben eine andere Richtung zu geben.

Und jetzt: An dieser Stelle, in dieser Dorfkirche, spürte ich zum erstenmal – aus tiefster Seele – es geht nur über das Herz. Nur über die Liebe. Es geht nur über das Loslassen, über das Vertrauen, über die Dankbarkeit.

Das letzte Dreivierteljahr war der Beweis, den ich anscheinend brauchte.

Und mit dieser Erkenntnis im Herzen fühlte ich mich berührt.

Berührt von den Herzen auf beiden Darstellungen, die auf einmal, so wenig Tiefe sie bei rationaler Betrachtung auch vermitteln mochten, eine Strahlkraft besaßen, die ich in diesem Maße noch nie erlebt hatte. Im Gegenteil: Dieser Augenblick gab mir das Gefühl einer grenzenlosen inneren und äußeren Freiheit, einer völligen Geborgenheit, das den Mut und die Demut zugleich befördert und wachsen lässt.

Und just in diesem Moment, in diese Freigabe an die göttliche Liebe hinein, geschah etwas Merkwürdiges: Mein Sternum fing an zu beben, zu vibrieren, aufzubrechen.

Das, was hier möglicherweise im dilettantischen Versuch der Beschreibung einem Kitschroman entlehnt zu sein scheint, war eine der tiefsten Erfahrungen meines Lebens.

Mein Sternum,
meine Herzensenergie,
mein Herz –
diese Lotosblüte –
öffnete sich.

In diesem Moment meines Lebens, jenseits jeder Zeit- und Raumrealität, spürte ich tief in meinem Innern: Ich kann vertrauen. Kann mich verlassen auf Gott und das Leben.

Das Leben hat mir Geduld abverlangt, aber jetzt,

in diesem Moment, bin ich angekommen in der Gnade und Weisheit Gottes.

Ich, so wie jeder Mensch, darf tief eintauchen in die Geborgenheit,

in die Einheit und Harmonie.

In die Zeitlosigkeit.

In die unbegrenzte Liebe.

In die Freude und das Licht.

Dieses Gefühl, man kann es nicht anders umschreiben, war das sprachlose Empfinden, ganz im Zentrum zu sein. Umhüllt von Wärme, Zuneigung und Vertrauen. Dort, wo alles in Fülle vorhanden ist, in der umfassenden Liebe einer grenzenlosen Güte und einer großen Seele, die über alles hinausreicht, was unser Verstand je wird ermessen können.

In diesem Moment,
wenn Dein Sternum aufbricht,
wenn sich Deine Seele öffnet,
wenn Du Dein Herz freigibst,
schenkt Dir die Gnade des Augenblicks
das umfassende Empfinden:
Du bist angekommen – endlich.

Das, was ich als Aufbrechen des Sternums bezeichne, ist bei mir mit einem brennenden Gefühl verbunden. Ein tief gehendes Brennen, das mehr ist als eine wohlige Wärme, ein Brennen, das mir anzeigt, ich bin tief in dieser Offenheit, in der sich Herz und Seele verbinden, auf ewig eins mit der Weisheit und Liebe des Universums.

In dieser Liebe Gottes gibt es keine Fragen mehr. Es gibt nur noch tiefe Freude und unendliche Dankbarkeit.

Als ich nach ungefähr eineinhalb Stunden diese Dorfkirche verließ, traten auf dem Rückweg auch wieder eine leichte Wehmut, und – ich gebe zu – ein kleiner Anflug von Ängstlichkeit auf mein beseeltes Empfinden: Hoffentlich trenne ich mich nicht von diesem Gefühl.

Und ich hörte wieder die innere Stimme von vorhin: Denk an das Vertrauen. Im Zentrum der Liebe ist alles vorhanden. Und das heißt: Auch in Dir ist alles vorhanden. Ich war, ich bin, und ich werde immer sein. Und ich fragte mich: Haben alle meine Zellen diese Botschaft des Herzens aufgenommen?

Nun ja, der Alltag zeigt oft ein anderes Gesicht und viele, die Dich kennen und auch mögen, wollen gar nicht, dass Du solche Erfahrungen machst, denn sie haben Angst, Dich zu verlieren.

Und ich weiß, bei allen menschlichen Schwächen, zu denen uns unser Verstand verleitet, ist diese Berührung der Seele nicht mehr zu löschen.

Mögen Wissenschaftler untersuchen, ob das Sternum, dieser Berührungspunkt der Seele, tatsächlich Wegweiser sein kann. Ich habe diese Erfahrung tief in meinem Herzen verankert.

Wahrscheinlich lag es noch nicht einmal an diesem Ort. Wenn Du dort hingehst, um es auch zu spüren, wirst Du es an dieser Stelle vielleicht nicht erleben. Du kannst überall hingeführt werden, an jeden Ort dieser Erde. Du kannst Stimmungen vorfinden, die Dir die Berührung mit Dir selber erleichtern. Du kannst Atmosphären schaffen, in denen Dir das eher gelingt.

Aber die Weisheit des Herzens, sie ist überall, denn es gibt sie nur in Dir selbst.

Ich habe späterhin versucht, diese Empfindung wie folgt zu beschreiben – wobei jeder Vergleich die Unzulänglichkeit in sich trägt, ein zutiefst spirituelles Empfinden durch Worte ausdrücken zu wollen.

Ich fühlte mich zunehmend und immer vollständiger und fürsorglicher umhüllt von einem tiefen Gefühl der Zuneigung und Liebe, das nicht aus mir selbst stammte, noch der Umgebung zugeschrieben werden konnte, sondern im tiefsten Geheimnis der göttlichen Liebe verankert war.

In diesem Schutz aber war kein Gefühl von Einengung, keine Empfindung von Angst und kein noch so kleines Anzeichen von Enttäuschung, von Ärger über das zuletzt verpasste Leben spürbar.

Eine Berührung des Kosmos und aller Sendboten der Liebe, eine Berührung meiner Seele in ihrem innersten Kern durch das göttliche Licht, dass es mir erschien, als wäre ich umfangen von mehreren Schichten des absoluten Vertrauens, der unendlichen Dankbarkeit und der grenzenlosen Liebe.

Diese aufeinander aufbauenden Schichten legten sich um mich wie verschiedene Membranen, eine intensiver als die andere, eine schützender als die andere, eine liebevoller als die andere.

DIE RUHE IM STERNUM … ODER: DER GENERAL MANAGER S.

Im Hier, in diesem Moment,
brauchst Du nichts.
Keine Strategie,
kein Ziel,
keine Gedanken.
Hier geht nichts verloren.
Hier gewinnst Du dazu.
Augenblick für Augenblick.

Eines schönen Tages besuchte mich der General Manager S. und berichtete von seinem Problem – ein für ihn unerklärliches Phänomen:

«In ganz Deutschland reise ich herum, bin in Unikliniken vorstellig gewesen, man empfahl mir die größten Koryphäen, aber niemand kann mir sagen, welche Krankheit ich habe: Also, im Grunde schüttle ich selbst den Kopf. Die ganze Geschichte um meine Person ist mir richtig peinlich.» Er fährt fort: «Stellen Sie sich vor, ich fahre auf der Autobahn, rechte Spur, und sobald die Tachonadel auf 100 steht, beginnen meine Hände derart zu zittern, dass ich das Lenkrad kaum noch halten kann, bei 90 oder 95 km/h geht es gerade noch so eben, bei 100 ist Schicht!»

Ich frage: «Was passiert genau, wenn Sie 100 km/h fahren?» «Das Zittern wird irre stark, ich bekomme panische Angstzustände – und denke, Du hast jetzt keine Kontrolle mehr, jeden Moment saust Dir das Steuer aus der Hand.»

«Wie schnell sind Sie denn früher gefahren?»

Er denkt laut: «Es ist kurios. Ich fahre einen sehr schnellen Wagen und bin normalerweise auf der linken Spur mit 230 km/h unterwegs, deshalb kann ich diese innere Sperre umso weniger begreifen ... Ich war immer von der schnellen Truppe, war bekannt dafür, immer den geraden Weg zu gehen.

Früher spielte ich Fußball, wich niemals nach außen aus, sondern suchte immer den geraden Weg zum Tor, auch wenn es mal wehtat. Bei den Frauen nie den Umweg gewählt, sondern geradeaus. Ich habe kein Abitur, sondern bin aufgestiegen zur Geschäftsführung meiner Firma, gründete mit vier anderen Unternehmen eine Holding, nun bin ich der Boss – nur, wenn man ganz oben ist, wird die Luft kalt, das Schlimmste aber ist: Ich habe permanent das Gefühl, hinter meinem Rücken wird geredet. Ja, bin ich der Clown, oder was? So kann es nicht weitergehen!»

«Ja», antworte ich, «so können Sie auch nicht mehr weiterfahren ... Sie sind 44 Jahre alt, spüren jetzt, dass irgendetwas nicht mehr stimmt und wollen anscheinend trotzdem so weiterfahren wie bisher. Kennen Sie den Satz: ‹So geht es nicht weiter!›? Es gibt Menschen, die können nicht mehr laufen, wenn es nicht mehr weitergeht. Bei Ihnen ist es Gott-sei-Dank nur das Fahren. Schauen Sie doch einmal gedanklich mit der Zeitlupe Ihr Zittern an, es ist eine Hin- und Herbewegung. Das Hin und Her ist eine Botschaft Ihres Körpers an Sie. Und die sagt Ihnen ... «Ich fühle mich hin- und hergerissen. Ich weiß nicht mehr, wie es weitergehen soll, nicht, wie ich mich entscheiden soll.»

Vier Wochen später sahen wir uns wieder. Irgendetwas war passiert. Gerade schien er ein Lächeln zu unterdrücken ... «Also nicht, dass Sie jetzt meinen, ich könnte schon schneller fahren. Bei 100 bekomme ich immer noch die Krise. Aber etwas anderes ist passiert: Wir hatten eine Aufsichtsratsitzung ... und da ist es dann einfach aus mir herausgefahren:

«Sucht Euch doch 'nen neuen Clown. Ich suche mir einen neuen Zirkus!» Sofort im Anschluss an diese Sitzung habe ich gekündigt, jetzt bekomme ich für ein halbes Jahr noch mein Gehalt und dann schaue ich mal, was passiert – aber im Moment mache ich drei Kreuze, dass ich den Laden nicht mehr betreten muss!»

Wenige Wochen später fuhr er 120 km/h: «Ich habe weniger Angst vor dem Zittern, bin fröhlicher, ich kann meine Seele baumeln lassen und unternehme viele schöne Dinge mit meiner Freundin, wir wollen heiraten – und das ganze Leben macht plötzlich Spaß!»

Ein halbes Jahr später treffe ich Herrn S. überraschend in einem Stehcafé der Innenstadt. Ein neuer Mensch steht vor mir, wie ausgewechselt, er strahlt ... «Ich habe den absoluten Karriereknick hinter mir! Stellen Sie sich vor, ich habe ein Einzelhandelsgeschäft eröffnet, verkaufe Innendekorationen und bin nur für mich und meine Frau verantwortlich. Niemand redet mir in mein Leben, es ist eine Wohltat. Ich habe neue Hobbies, genieße einfach, dass ich lebe. Ich fühle mich frei!»

«Wie haben Sie diese Entscheidung getroffen?»

Es sprudelt aus ihm heraus: «Mein Herz hat entschieden, nicht der Verstand! Mein Verstand wollte immer mehr, immer weiter, immer besser, immer schneller. Ich wollte Karriere, Anerkennung, Geld. Es ging immer um mehr, mehr, mehr. Ich bin richtig glücklich, dass mir mein Gefühl den Weg so deutlich zeigte. Die Entscheidung kam aus dem Herzen. Sie war auf einmal da.»

Ich frage nach: «Wie spüren Sie, dass der Weg für Sie stimmt?»

«Das kann ich nicht erklären. Es war plötzlich alles stimmig. Ich sagte mir, ich will einfach, dass es mir gut geht.» Und während er das sagt, tippen drei seiner Finger auf das Sternum: «Dann war plötzlich eine Freiheit da, eine Ruhe, Gelassenheit ... Das ist eine wunderbare Form der Lebensqualität. Jetzt weiß ich, was Glück bedeutet. Wenn Du eins mit Dir bist. Wenn Du einfach aus Dir heraus lebst.»

Und er legt – wie zum Beweis – seine Hand auf's Herz. «Ich komme mit weniger aus, und doch ist das viel mehr, als ich jemals in meinem Leben hatte...»

«Und? Was macht das Autofahren?»

«Ich fahre zitterfreie 150 km/h – schneller will ich nicht!»

Das Sternum ist ein wunderbarer Anzeiger, ein Seismograph, eine Form der Herzintelligenz, die Dir helfen kann, auch große Krisen in Deinem Leben zu bewältigen.

Wie sagte der Schweizer Schriftsteller Max Frisch über die Krise: «Krise ist der Zustand zwischen dem, was Du nicht mehr bist, und dem, was Du noch nicht bist.»

In jeder Krise gibt es demnach die wunderbare Möglichkeit, Dein Herz zu öffnen, Dich neu zu bestimmen – in einen Aufbruch, in eine neue Form des Lebens hinein.

Die 7 Schlüssel am Beispiel des General Managers S.

Natürlich hatte unser General Manager noch nie von den 7 Energieschlüsseln gehört. Er kannte sie nicht und konnte demzufolge auch nicht mit ihnen arbeiten ... und doch: Am Ende seines Krisenprozesses war er eins mit sich und dem Leben.

Der Manager fragte sich, als die Krise nicht mehr zu verleugnen war: «Ja, bin ich der Clown, oder was?» Es muss eine Entscheidung her! (**Klarheit**)

Er wollte, das es ihm besser geht. Er wollte das Beste für sich und die neue Beziehung. (**Liebe**)

Das beflügelte ihn. Und stärkte somit Selbstwertgefühl und Selbstvertrauen. (**Vertrauen**)

Er stand auf und sagte: «Sucht Euch doch einen neuen Clown! Ich suche mir einen neuen Zirkus!»

Er kündigte. (**Mut**)

Er war sehr dankbar, dass ihm das Gefühl den richtigen Weg zeigte. (**Dankbarkeit/Demut**)

Er sagte: «Ich bin fröhlicher, kann meine Seele baumeln lassen und unternehme viele schöne Dinge mit meiner Freundin.» Das ganze Leben machte plötzlich Spaß. (**Freude**)

Er strahlte! Strahlte auch von innen heraus. (**Licht**)

Er sagte: «Auf einmal war alles so stimmig. Das ist eine wunderbare Form der Lebensqualität. Wenn Du eins bist mit Dir.“ Er wusste nun, was Glück bedeutet. (**Harmonie)**

Du musst also nicht zwingend und zu jeder Stunde Deines Lebens wissen, dass es diese 7 Schlüssel sind, die Deine Entwicklung bestimmen: Wenn Du offen bist, dann führt Dich das Leben durch die Krise zum Ziel.

DER WEG DER 7 SCHLÜSSEL

Wenn Du Dich aber einmal aus tiefstem Herzen und mit der ganzen Zustimmung Deiner Seele für Deinen eigenen Weg entschieden hast, dann findest Du das, was unser General Manager S. mit dem Satz «Jetzt weiß ich, was Glück bedeutet ...» fühlt und meint:

Klarheit
Liebe
Vertrauen
Mut
Dankbarkeit
Freude
Licht

sind die Stationen auf Deiner Reise
zum inneren Reichtum, zur **Harmonie** ...

WER AUF DEM STROM DES LEBENS
SEINEN EIGENEN WEG FINDEN WILL,
MUSS SICH EIN BOOT BAUEN
AUS EIGENSINN UND PHANTASIE.

JOCHEN MARISS

III. Die Reise

1. LEINEN LOS

Der Aufbruch ist eine spannende Zeit. Wir alle kennen Aufbrüche: Aufbruch zu einer Reise, in den neuen Job, in einen neuen Lebensabschnitt. Aufbruch heißt «aufbrechen» alter Strukturen, zurücklassen – auf, dem Neuen entgegen!

DER FÄHRMANN

Meine persönliche Reise, der Weg in und durch das Sternum-Projekt: Aufbruch und Zweifel, Fragen und Antworten, die mir innerhalb der Meditation begegneten – Eingebungen, die die Richtung wiesen:

E

Frage: *Liege ich hier und döse vor mich hin?*

Antwort: *Du döst nicht – aber Du bist wieder zu ungeduldig.*

Frage: *Bin ich überhaupt der Richtige für das «Sternum-Projekt»?*
Ich ringe darum –
und stehe doch nicht über den Dingen.
Ich kämpfe um mehr Freiraum …

Antwort: *Du bist auf dem Weg.*

Frage: *Ist es gut oder schlecht, ein «Sternum-Projekt» zu gestalten – nur weil ich es in mir fühle?*

Antwort: *Das ist weder gut noch schlecht.*
Es ist so.

Frage: *Aber wäre es nicht besser, als Vorbild zu wirken, als ein Mensch, der alle Mühsal hinter sich gelassen, die Zweifel in sich besiegt hat – absolut frei, nach vorn zu denken und zu leben?*

Antwort: *So könntest Du andere möglicherweise begeistern – und ihre Sehnsucht, ihr Bedürfnis wecken, so zu sein wie Du … aber dabei bliebe es.*
Wenn Du aber begleitest, wenn Du abholst – dann ist diese Aufgabe sinnvoller, weil sie bodenständig und erfolgreich zugleich ist.
Als «Fährmann» begleitest Du die Menschen.
Du wirst auch aushalten müssen, dass Dich einige «überholen» können.
Verliere nie die Bodenhaftung.
Bleibe immer Du selbst,
menschlich mit Deinen Stärken und Schwächen,
präsent mit Deinen Fehlern und Unzulänglichkeiten,
ebenso wie mit Deinen Vorzügen und Erfolgen …

Das ist die beste Voraussetzung für Wegbegleitung und Führerschaft.
Du zweifelst ja auch immer noch hier und da.
Du bist genauso überrascht wie andere,
wenn alles so funktioniert, wie Du es Dir erhoffst.
Deshalb sind Dir diese Gefühle nicht fremd.
Stündest Du schon oben auf dem Berg, dann hättest Du nicht mehr die Geduld, auf andere zu warten.
Geschweige denn, ihnen entgegenzugehen.
Ein starker Fährmann schafft Vertrauen auf dem Weg zwischen den Welten.
Auf ihn ist Verlass.
Er lässt niemanden zurück.
Er steht allzeit bereit, zu bringen und zu holen.
Jeder weiß:
Er ist da, auch wenn ich zurück will.
Ein «Brückenbauer» baut eine Brücke.
Auch er verbindet die Ufer.
Aber er steht nicht selbst zur Verfügung.
Er wartet und begleitet nicht.
Er gibt keine Anweisung.
Er gibt keinen Rat.
Er ist nicht sichtbar.
Die Brücke nutzt denen, die ihren Weg schon gefunden haben.
So perfekt die Statik der Brücke auch sein mag …
es bleiben viele Fragen:
Was ist am anderen Ufer?
Schaffe ich den Weg?
Soll ich überhaupt?
Der Fährmann kann vom anderen Ufer erzählen,
aus der anderen Welt berichten.
Er versteht die Sorgen und Nöte derer,
die zögern oder sich verweigern.
Er kann Neugierde wecken und Mut machen.
Auch der Fährmann ist ein ewig Suchender.

Vieles lässt ihn staunen und erfreut sein Herz.
In stillen Stunden, wenn keine Fahrgäste da sind,
macht er sich auf den Weg …
erkundet das Land auf der anderen Seite …
besteht so manche eigene Abenteuer und erweitert sein Wissen,
seine Erfahrung, seine Güte und Weisheit.
Er weiß, wovon er spricht.
Gerade deshalb vertraut man dem Fährmann.
Er beherrscht den Fluss des Lebens, ohne überheblich zu sein.
Er liebt die Menschen, wie er sich selbst liebt.
Das ist der wahre Reichtum des Lebens.

DIE KONSTELLATION DER 7 SCHLÜSSEL

Die Lage aller 7 Schlüssel erfuhr ich in langen Meditationen. Die ersten vier Schlüssel – Klarheit, Liebe, Vertrauen, Mut – stellen das innere Koordinatenkreuz des Menschen dar. Sie bilden eine Kreuzform und lassen sich auf der vorderen Körperseite lokalisieren.

Der fünfte Schlüssel (Dankbarkeit und Demut) liegt auf der Rückseite im tieferen Nackenbereich, unterhalb des Dornfortsatzes, circa in Höhe des zweiten Brustwirbels. (Es heißt «Brustwirbel», obwohl es sich um die Lage im Rücken handelt.)

Die Schlüssel 6 und 7, Freude und Licht, liegen im Sternum, wo die Energien aller 7 Schlüssel zusammenfließen.

Dass die Klarheit auch mit dem Denken zu tun hat, leuchtet ein. Warum liegt sie aber mitten auf der Stirn?

Die Klarheit befindet sich in Deinem «dritten Auge» – und das ist seine Position. Hier blicken Deine Gedanken in die Welt hinaus – wie der Ausguck auf dem Schiff.
Die Ordnung Deines Denkens fördert die innere Ruhe.
Die Klarheit Deiner Gedanken Entschiedenheit und Zuversicht.
Das dritte Auge ist die Schaltzentrale Deiner Gedankenenergie.
Wie der Kapitän das Zeichen zum Aufbruch gibt, lässt Dich die Klarheit aufbrechen zu dem, der Du bist.

Wie kommt es, dass die Liebe drei Fingerbreit unterhalb des Bauchnabels ihren Ursprung hat – und nicht von Anfang an im Herzen sitzt, wo man sie eher vermutet?

Die Liebe ist ja der Stamm, an dem sich alles aufrichtet.
Die Liebe ist die Wurzel, der Grund und Boden, die Basis.
Ohne Liebe kein Wachstum.
Und die Wurzel ist nun mal im Boden, in der Erde.
Sie muss austreiben, sonst bringt sie keine Frucht.
Die Liebe ist die wichtigste Nahrung für die Seele.
Ohne Liebe verkümmert alles.
Aber der Anfang ist die Saat, das Keimen und das Reifen.
Liebe kann ich nicht verlangen, nicht einfordern.
Liebe kann ich in mir spüren, wenn ich achtsam bin.
Dann kann ich erfahren, wie sie sich dankbar und voller Schönheit hochrankt ... zum Herzen hin.

Warum liegt das Vertrauen auf der linken Körperseite?

Schon immer galt der Sitz des Herzens als Sitz starker Gefühle, als Sitz der Liebe.
Liebe setzt Vertrauen voraus und lässt wiederum Vertrauen folgen.
Liebe und Vertrauen sind enge «Vertraute».
Sie gehören zusammen.
Deshalb ist die linke Körperseite die richtige Seite.

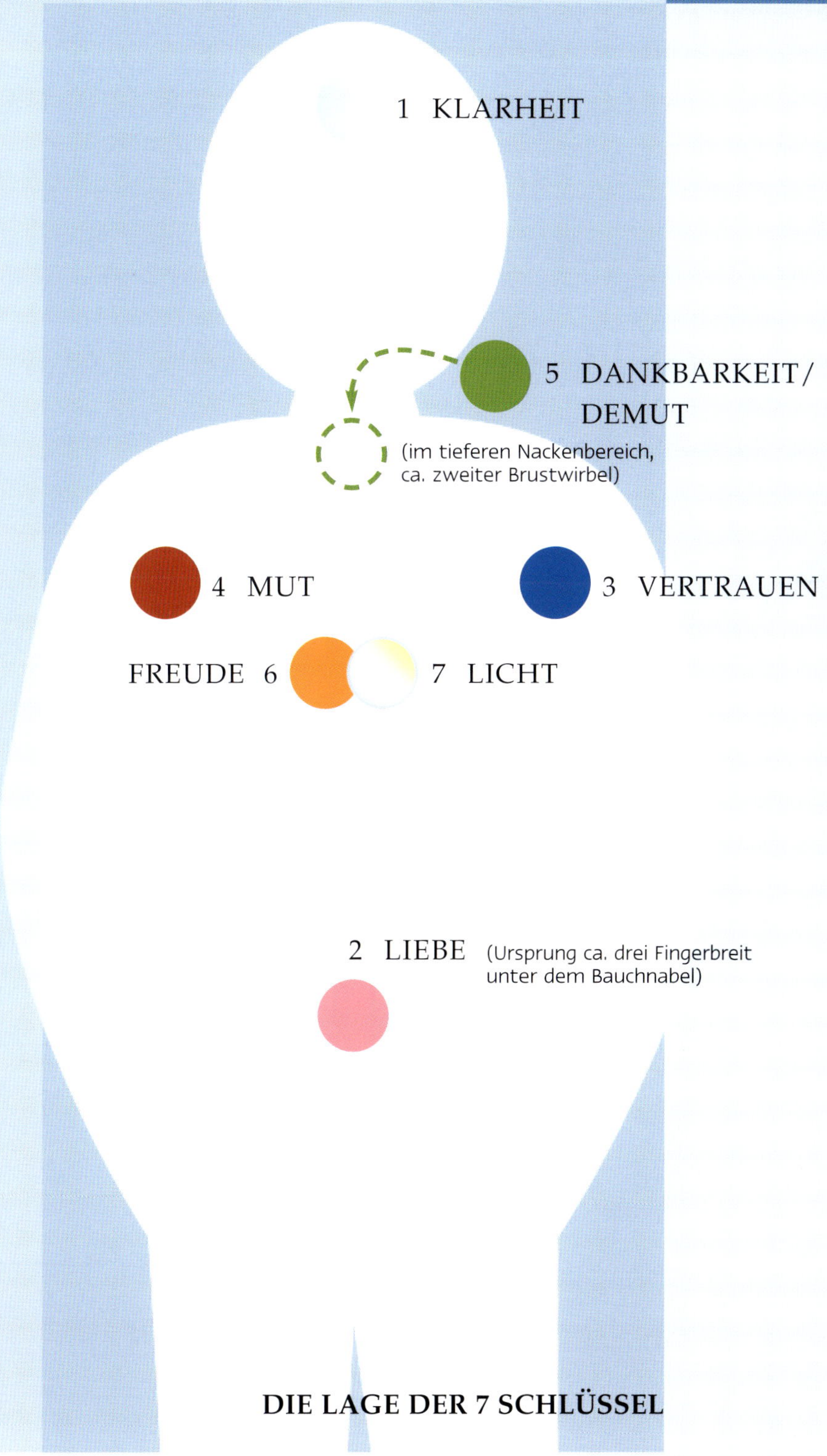

DIE LAGE DER 7 SCHLÜSSEL

Warum ist der Mut auf der rechten Seite?

*Rechts ist bei der Mehrzahl der Menschen der Wille,
die Leistung, der Erfolg.
Viele erinnern sich noch an die «Becker-Faust»...
Es ist die Vollendung des Koordinatenkreuzes.
Der Mut ist die Folge von Klarheit, Liebe und Vertrauen.
Das innere Koordinatenkreuz in diesem Sinne heißt:
«Ich habe mich entschieden.
Ich liebe ...
und vertraue.
Jetzt gehe ich meinen Weg.»*

Warum liegt die Demut, die Dankbarkeit im unteren Nackenbereich?

*Wie und wo willst Du Dich sonst verneigen?
Es ist folgerichtig, dass die Demut nicht auf der Vorderseite liegt.
Sie hat ihr Zuhause im oberen Bereich der Brustwirbel, wo der Durchgang zum Herzen ist.*

Wieso soll sich die Freude im Sternum befinden?

*Das ist der Zusammenfluss aller anderen Energien.
Der Zusammenfluss ist in der Mitte.
Also liegt die Freude in der Mitte.
Nirgends als in der Mitte wäre sie sinnvoller aufgehoben.
Sie bereichert und beseelt.
Sie liegt im tiefen Inneren –
und hält gleichzeitig Ausschau nach dem Licht.
Sie kann irdisch und überirdisch sein.
Mal ist sie der Erde, mal dem Himmel nah.
Tiefe Freude kann das Licht schon erahnen.*

Und das «Licht» selbst?

*Das Licht ist mehr außen als innen.
Es berührt Dich im Sternum in Form Deiner Seele,
bleibt aber Verheißung auf Deinem weiteren Weg ...*

AUF ZU NEUEN UFERN?

Du kannst nicht am alten Ufer festhalten – **und** neues Ufer entdecken.

Noch bist Du mit beiden Füßen an Land, vor Dir die hohe See, die Ahnung, das tiefe, verborgene Wissen um Deine Insel.

Jetzt stellt sich Dir unausweichlich die Frage: Willst Du wirklich nach vorne gehen? Deinen alten Strand verlassen? Oder lieber am Ufer bleiben – mit der Möglichkeit, den Aufbruch später, irgendwann zu beginnen?

Nicht jeder möchte Seefahrer sein. Du kannst Dich entscheiden: Segelst Du los – oder bleibst Du an Land?

Es ist keine Frage von gut oder schlecht, richtig oder falsch. Es ist immer so, wie Du es siehst ...

Die Verheißung aber ist groß.

Wenn Du wirklich aufbrechen willst, dann geh über die Stationen der nächsten Kapitel:

Es sind 7 Schlüssel, die Dein Navigationssystem für Dich so wertvoll machen.

Hole den Anker ein, setze die Segel – und reise einfach los.

MAN ENTDECKT KEINE NEUEN ERDTEILE, OHNE DEN MUT ZU HABEN, ALTE KÜSTEN AUS DEN AUGEN ZU VERLIEREN.

ANDRÉ GIDE

Deine Reisebegleitung: CD 1 und CD 2
Wie Du die 7 Schlüssel erfolgreich trainierst ...

Die Position bleibt Dir überlassen. Manchmal kann es gut sein, sich einfach auszuruhen und die Übungen – wie Du es bei anderen Entspannungsverfahren gewohnt bist – im Liegen einzuüben. Ich empfehle aber auch die Durchführung im Stehen. Das mag Dir ungewöhnlich erscheinen. Das Stehen ist aber der Ausdruck von Aktivität, von Stärke und Erdung.

Also, stelle Dich fest auf beide Füße, stelle sie schulterbreit auseinander – lass Deine Füße eins werden mit dem Boden, auf dem Du stehst. Lass Deine Füße Wurzeln schlagen, steh aufrecht – aber drücke Deine Knie nicht durch. Wenn Du willst, schließe bei den Übungen Deine Augen. Schließe die Augen – dann kannst Du Dich besser anschauen. Richte den Blick nach innen auf Dein Sternum. Konzentriere Dich auf die Übung, ohne zu verkrampfen. Am besten ist, wenn Du gar nicht erst versuchst, die Texte der CD verstandesmäßig zu erfassen. Die wahre Bedeutung erspürt Deine Seele, findet Dein Herz.

Wenn Du Dich der Musik und den Worten öffnest, werden Deine Intuition, Deine Herzintelligenz, das, was für Dich wichtig ist, aufnehmen und bewahren. Lass es einfach geschehen ... Ob Du sitzt, liegst oder stehst, ist nicht entscheidend. Lass Dich von Deiner Intuition leiten. Sie kennt den besten Weg für Dich. Es macht allerdings Sinn, die 7 Schlüssel in der richtigen Reihenfolge einzuüben. So fließt die Energie am besten.

Ob Du besser morgens übst, abends, täglich, alle paar Tage, mit oder ohne Kopfhörer, laut oder leise – frag Deine innere Stimme. In Deiner Mitte, in Deinem Sternum, dem Berührungspunkt Deiner Seele, sind alle Antworten enthalten.

Ob Du die folgenden Texte vor oder nach dem Anhören der CDs liest, ist Deine Entscheidung. Es sind zwei unterschiedliche Zugänge für Herz und Geist. Beide behandeln das Thema aus verschiedenen Perspektiven. Das Lesen allein kann allerdings die Erfahrungen mit den CDs nicht ersetzen.

Im Umgang mit den folgenden 7 Schlüsseln wünsche ich Dir eine berührende und erfüllte Zeit.

LEBEN LERNEN
HEIẞT
LOSLASSEN LERNEN.

SOGYAL RINPOCHE

Auf - bruch

VOLLE FAHRT VORAUS: DIE 7 SCHLÜSSEL FÜR EIN REICHES LEBEN

1 zur CD 1

SCHLÜSSEL 1: DIE KLARHEIT

ICH FÜHLE MICH HIN- UND HERGERISSEN!

*«Ich bin auch gegen **mich selber** kritisch!»*

Tag für Tag triffst Du Entscheidungen. Die meisten fallen Dir nicht einmal auf. Sie sind Teil Deiner Gewohnheit – und die macht keine Angst.

ES IST FALSCH,
DASS IM LEBEN DIE «UMSTÄNDE» ENTSCHEIDEN.
IM GEGENTEIL:
DIE UMSTÄNDE SIND IMMER DER NEUE KREUZWEG,
AN DEM UNSER CHARAKTER ENTSCHEIDET.

JOSÉ ORTEGA Y GASSET
(1883-1955, SPANISCHER PHILOSOPH,
SOZIOLOGE UND SCHRIFTSTELLER)

In vielen Parabeln, Geschichten und Mythen ist von Entscheidungen die Rede. Entscheidungen fällen heißt, zu scheiden. Scheiden von anderen Möglichkeiten, scheiden von manchen Träumen und Visionen, scheiden auch von Hintertüren, die wir uns gerne offen lassen.

Das Leben hat Dir keinen sichtbaren Autopiloten zur Verfügung gestellt. Nirgendwo kannst Du ablesen, wo es für Dich entlang geht. Es stehen keine Wegweiser an den Gabelungen Deines Lebens. Jede Entscheidung kann Dich also in eine Sackgasse führen, durch Serpentinen leiten – oder auf eine Schnellstraße schicken.

Es gibt Entscheidungen, die uns leicht fallen: wenn andere für uns entscheiden. Das heißt nicht, dass die Folgen für uns unerheblich sind. Aber manchen Menschen ist es eben lieber, ihnen wird gekündigt, als selbst den ungeliebten Job an den Nagel zu hängen.

Manchen Männern ist lieber, entweder die Ehefrau oder die Geliebte beendet die Dreiecksbeziehung, als dass sie selbst die Entscheidung treffen müssen.

Die Krux an der Entscheidung ist, dass wir in aller Regel nicht wissen, was danach auf uns zukommt. Wenn wir es wüssten, dann wäre die Entscheidung leichter. Das Schlüsselwort heißt: **Eigenverantwortung**.

Ein Kollege erzählte mir einst von seiner Arbeit mit Krebspatienten. Er führte eine Patientin durch eine Phantasiereise. Gab ihr den Auftrag, sich vorzustellen, etwas von sich, das sie gerne abgeben würde, in ein Kästchen zu legen – dieses Kästchen dann mit auf eine Wanderung zu nehmen ... über Wiesen, an einem Fluss vorbei, durch einen Wald bis zu einer offenen Lichtung. Oben auf dieser Lichtung saß vor einem Haus eine weise Frau.

Die Patientin sollte sich nun vorstellen, mit dem Kästchen in den Händen zu dieser weisen Person zu gehen, und ihr das Behältnis samt Inhalt zu überreichen. Die alte Frau verschwand damit in ihrem Haus.

Kurze Zeit später kam sie wieder heraus, übergab ihrerseits der Patientin ein verschlossenes Kästchen, ebenfalls mit einem unbekannten Inhalt. Daraufhin machte sich die Patientin wieder auf den Weg zurück, durch den Wald, am Flussbett entlang ... bis zum Ausgangspunkt, der grünen Wiese.

Anschließend fragte der Therapeut: «Was haben Sie vor dem Aufbruch in das Kästchen gelegt? Was wollten Sie von sich abgeben?»

«Meine Krebserkrankung, denn die wollte ich ja nicht mehr haben», antwortete die Patientin.

«Und was war in dem Kästchen, das die alte, weise Frau Ihnen mit auf den Rückweg gab?» fragte der Therapeut weiter.

«Seltsam», meinte die Patientin, «sie hat mir meine Krebserkrankung zurückgegeben. Sie sagte zu mir: Diese Erkrankung ist Teil Deiner Persönlichkeit. Erst wenn Du sie annimmst, Dich mit ihr versöhnst, kannst Du geheilt werden. Wenn Du sie nicht annimmst, wirst Du ewig im Kampf stecken bleiben.»

Von diesem Moment an, als die Patientin sich entschied, die Krankheit zu akzeptieren, wurde sie selbst ihr bester Therapeut.

Nur wenn ich meine Schwäche akzeptiere, kann ich wirklich stark sein.

Die Entscheidung, die Krankheit nicht mehr zu verleugnen oder zu verdrängen, setzte in ihr Energien frei. Damit gewann sie wieder die Klarheit über sich und ihr Leben.

Ich habe einen Körper!

...das ist ja wirklich eine berauschende Aussage. Was soll daran erwähnenswert sein?

Menschen sagen eben: «Ich habe einen Körper.» Ich frage dann schon mal: «Wo fängt er an – wo hört er auf?» «Von hier, ab dem Hals ...», worauf sie dann zeigen, „bis da, bis zu den Zehen.»

«Und was ist über dem Hals?» «Na, der Kopf!» Es gibt also für die meisten Menschen einen Kopf – und einen Körper.

«Wozu ist denn der Körper da?» frage ich weiter. In aller Regel treffe ich auf leichtes Erstaunen.

«Ja, hm, also ... der soll funktionieren ... der soll mir keine Probleme machen. Am besten ist, wenn ich ihn gar nicht spüre. Dann weiß ich nämlich, alles ist in Ordnung.»

«Und sonst noch?» «Ja, vielleicht noch für Sexualität ... und die tägliche Reinigung ...?» Leichtes Schulterzucken ... Manche Menschen wirken regelrecht hilflos, wenn sie die Funktion ihres Körpers beschreiben sollen.

«Das heißt also: Wenn der Körper krank wird, dann hat er versagt. Denn der Kopf will ja, dass er funktioniert.»

Und wenn körperliche Beschwerden auftreten, dann legen manche erst richtig los: «Ich begreife das überhaupt nicht. Mein Körper will einfach nicht, wie ich will. Ich verstehe ihn einfach nicht! Was habe ich dem getan?!»

«Jetzt sagen Sie doch mal ganz bewusst – statt: Ich habe einen Körper ...

‹Ich **bin** mein Körper!›»

So etwas löst Erstaunen aus, Verblüffung und Irritation.

«Sie **sind** Ihre Gedanken, Ihre Gefühle, Ihre Lebensfreude, Ihre Krankheit ... Es gibt keine Trennung zwischen Kopf und Körper. Sie **sind** von Scheitel bis Sohle, von der Haarspitze bis zu den Zehenspitzen – **eins**. Wenn Sie sagen: ‹Ich **bin** mein Körper!›, dann übernehmen Sie die Verantwortung für das, was mit Ihnen geschieht. Sie **sind** alles!»

Trennung blockiert Lebensenergie. Einheit befördert sie. «Ich **habe**...» ist Trennung – «Ich **bin**...» ist Einheit. Abspaltung blockiert. Ganzheit setzt frei.

«**Ich bin**» ist ein Zauberwort auf dem Weg zur Freiheit des Körpers, des Geistes und der Seele.

ÜBERGANGSZEITEN SIND KRISENZEITEN

Wer in Umbrüchen seines Lebens die Klarheit verliert, kommt sich vor wie in einem Labyrinth: Du weißt nicht, wo Du stehst. Du fragst Dich: Was will ich eigentlich?

Entscheidung

Im Märchen findet der Held den richtigen Weg – und im Leben? Wie bekomme ich Klarheit? Wie komme ich dorthin? Wie kann ich Unklarheit und Verwirrung entkommen?

Lass Dir das Heft des Handelns nicht aus der Hand nehmen.
Das ist oft schwer. Denn Konflikte sind nicht einfach. Die meisten Konflikte lassen sich aber den folgenden drei Arten zuordnen:

Der «Annäherungs-Annäherungs-Konflikt»

Du stehst zwischen zwei Möglichkeiten, beide für Dich positiv, denen Du Dich also annähern möchtest – aber Du musst Dich für eine von beiden entscheiden. Gehst Du heute Abend ins Theater oder ins Konzert? Du musst Dich entscheiden, denn beide Aufführungen finden zur gleichen Zeit statt.

Dieser Konflikt ist leicht zu lösen durch Auswahlkriterien wie innere Vorlieben, Musik oder Bühnenstück ...

Der «Vermeidungs-Vermeidungs-Konflikt»

Hier stehst Du zwischen zwei Möglichkeiten, beide negativ: Du kannst aber der Situation nicht komplett entfliehen, musst Dich also für eine der Alternativen entscheiden. Das könnte zum Beispiel der Fall sein, wenn Du mit einer Krankheit zum Arzt gehst, und er Dir sagt: «Ich kann Ihnen Medikamente verschreiben. Die haben aber in der Regel einige Nebenwirkungen. Ich kann Ihnen auch eine Spritze setzen, die ist aber nicht schmerzfrei.»

Auch diese Entscheidung geht ziemlich «klar».

Wenn Du sagst: «Lieber den Piekser als die Nebenwirkungen ...», dann hast Du Dich für das – möglicherweise – kleinere Übel entschieden.

Ausgesprochen problematisch wird es bei der nächsten Konfliktart:

Der «Annäherungs-Vermeidungs-Konflikt»

Du bist hin- und hergerissen zwischen zwei Möglichkeiten, die jeweils sowohl positive, als auch negative Konsequenzen in sich tragen. Und Du kannst Dich nicht entschließen, eine von beiden zu wählen.

Ein Beispiel für Annäherungs-Vermeidungs-Konflikte sind die so genannten «**Doppelbindungen**». Nehmen wir an, die 14-jährige Tochter einer allein erziehenden

Mutter kommt von der Schule heim und fragt: «Kann ich heute Abend länger ausbleiben? Wir planen eine Klassenfete.» Daraufhin antwortet die Mutter: «Ja, ja, geh nur und amüsiere Dich ... lass Deine alte Mutter ruhig allein zurück.»

Was jetzt? Geht die Tochter, dann hat sie Spaß, aber auch Schuldgefühle. Bleibt sie, dann hat sie keine Schuldgefühle, aber auch keinen Spaß. Wie sie sich auch entscheidet, es ist falsch.

Oder nehmen wir mal an, die Oma ist allein zurückgeblieben. Jetzt stellt sich die Frage: Geben wir die Oma in ein Altenheim – oder nehmen wir sie zu uns? Das Altenheim bietet den Vorteil: Die Oma stört unseren Alltag nicht. Aber auch den Nachteil: Wir bekommen Schuldgefühle, sie abgeschoben zu haben.

Goethe lässt seinen Faust bekennen: «Zwei Seelen wohnen, ach, in meiner Brust ...» So pendelst Du hin und her, suchst die einen Vorteile hier, die anderen dort, fühlst Dich hin- und hergerissen.

Genau das ist die typische Folge des «Annäherungs-Vermeidungs-Konfliktes». Viele, die sich in solchen Situationen nicht entscheiden können, lenken sich ab: durch Arbeit, Alkohol, Krankheiten oder Ähnliches.

Wenn Du Dich nicht entscheiden kannst – dann lass die Entscheidung los. Dein kleiner Analytiker im Gehirn ist unfähig, diesen Konflikt für Dich zu lösen. So sehr Du Dich auch bemühst, Du stößt an die Grenzen Deines Verstandes. Versuche es erst gar nicht über den Kopf. Du kannst Dir immer wieder die Pluspunkte der einen und die der anderen Seite notieren, die Minuspunkte dagegen verrechnen, die unterschiedliche Gewichtung der Plus- und Minuspunkte berücksichtigen ... Du spürst immer wieder, es gelingt Dir nicht. Du wirst die Entscheidung erst dann treffen können, wenn Du Deinen Verstand ausschaltest.

Klarheit entsteht eher aus Deiner Intuition, aus Deinem Bauchgefühl. Lerne, Dir und diesem Gefühl zu vertrauen. Wissenschaftlich ist mittlerweile längst nachgewiesen, dass der Bauch Sitz Deiner zweiten Intelligenz ist. 90 Prozent der Impulse laufen von dort nach oben zum Kopf! Deine Intuition, die Intelligenz Deiner Gefühle, kann Dir sehr viel ehrlicher die Antwort geben als Dein Verstand. Für Männer ist das oft ein besonders ungewohnter Lernprozess.

Um loszulassen und auf die innere Stimme zu hören, brauchst Du die Wertschätzung für Dich selbst, das Vertrauen in Dich – und den Mut zur Entscheidung. Das sind die nächsten Schritte des Sternum-Projekts. Wenn Du danach den Wegweiser in Dir gefunden hast, wirst Du es leichter haben, Dich an Weggabelungen von Deinem Herzen, von Deiner inneren Weisheit leiten zu lassen.

Dennoch werden wir immer Konflikte brauchen, um daran zu wachsen und zu reifen.

Lernen von den Chinesen

RICHARD VON WEIZSÄCKER SAGTE EINST:

WIR SOLLTEN VON DEN CHINESEN LERNEN –
SIE HABEN DAS GLEICHE SCHRIFTZEICHEN FÜR KRISE UND CHANCE.

Im Chinesischen gilt die Regel:
Jedes Wort – ein eigenes Schriftzeichen.
Die einzige Ausnahme sind die Worte: «**KRISE**» und «**CHANCE**». Sie teilen sich ein und dasselbe Schriftzeichen.

Es steht für: Kritischer oder springender Punkt, Wendepunkt, Krise … **und** für Gelegenheit, Möglichkeit, Chance. Also: Hüte Dich vor der Gefahr, lasse Dich nicht hängen, gib Dich nicht auf. **Und:** Nutze die Chance!

Ich steh im Nebel.

Mir fehlt der Durchblick.

Ich weiß nicht, wo es lang-geht ...

ALLES KLAR?

Ich erinnere mich an einen Tierarzt, der für längere Zeit – von jetzt auf gleich – gelähmt war. Allerdings gab es keine organischen Ursachen – es handelte sich um eine «psychogene», also seelisch verursachte Lähmung.

Der Hintergrund war folgender: Im Alter von zwei Jahren hatte der Mann seinen Vater durch einen Unfall verloren, der Junge wuchs in einem «Dreimädelhaus» auf, Mutter, Oma, Tante. Der ältere Bruder sollte nach dem Willen der «weiblichen Regierung» intellektueller Überflieger der Familie sein und studieren, während die schon in Kindertagen großen und ausladenden Hände unseres späteren Tierarztes anscheinend für einen Handwerksberuf wie geschaffen waren.

Es kam alles ganz anders: Der zum intellektuellen Überflieger auserkorene Bruder musste die Volksschule mit der siebten Klasse verlassen. Der «Handwerker» lief auf dem Gymnasium zu großem Erfolg auf, wodurch der Abstand zwischen ihm und seinem Bruder immer größer wurde – was Mutter, Oma, Tante mit Unbehagen verfolgten.

Der jüngere Bruder schrieb seine Klassenarbeiten auf der Höheren Schule sogar bewusst fehlerhaft, um den Abstand nicht noch mehr anwachsen zu lassen. Aber auch das reichte für ein Sitzenbleiben nicht aus.

Er machte sein Abitur, studierte mit Erfolg und schrieb seine Doktorarbeit, sodass die Kluft zum älteren Bruder, der Hilfsarbeiten verrichten musste, auch äußerlich immer sichtbarer wurde. Es kam der Tag der Promotion, der Verleihung der Doktorwürde.

«Promotion» kommt vom lateinischen «promovere», was soviel bedeutet wie: vorwärtsbewegen, vorrücken lassen, ans Licht bringen.

In jenem Moment, als der Tierarzt die mündliche Prüfung bestanden hatte und vom Dekan der Universität «promoviert» wurde – symbolisch gesehen geschieht dies durch einen Klaps auf die Schulter des Prüflings – brach er zusammen. Unfähig, aufzustehen und zu gehen.

Der Dekan hatte das getan, was das Mutterhaus verhindern wollte: Er hatte ihn «promoviert», das heißt: nach vorn gehen lassen, ins Licht der Öffentlichkeit geschickt. Damit war der junge Mann für sein eigenes Empfinden «zu weit gegangen», hatte sich zu sehr von seinem Bruder entfernt, sich zu weit nach vorn «bewegt» ... und damit die Erwartungen von Mutter, Oma und Tante zutiefst enttäuscht – unbewusst natürlich: Die unbewussten Schuldgefühle wurden schlagartig zu einer Blockade, einer unüberwindbaren Hürde, zwangen ihn, reglos zu verharren.

«So konnte es nicht mehr weitergehen.» So konnte **er** nicht mehr weitergehen. Die «Promotion» dokumentierte zwar seine Fortentwicklung, aber verstärkte seine Schuldgefühle! Erst als sie therapeutisch mit Erfolg behandelt wurden und geheilt werden konnten, konnte er wieder gehen, nach vorne gehen.

Ich habe Menschen mit psychogener Blindheit erlebt: Sie blickten nicht mehr durch.

Mit psychogener Stimmlosigkeit: Ihnen hatte es die Sprache verschlagen.

Mit psychogener Taubheit: Sie konnten es nicht mehr mit anhören.

Und mit psychogenem Verlust des Geruchsvermögens: Sie konnten den Anderen nicht mehr riechen.

All das beschreibt einen menschlichen Zustand, einen Prozessverlauf, innerhalb dessen ein Mensch sich seine Ohnmacht eingesteht, den Machtverlust äußerlich sichtbar dokumentiert.

So geht es, im wahrsten Sinne des Wortes, nicht mehr weiter.

Was kannst Du tun, um das zu verhindern?

Lass es nicht so weit kommen. Sonst zeigt die Seele über Deinen Körper, was sie von Dir und Deinem Leben hält. Verschaffe Dir immer wieder den Überblick, den Durchblick, die Klarheit. Jede Form von Unklarheit kostet Energie. Jede Form von Blockade raubt Dir die Kraft. Alles, was Du tust «um des lieben Friedens willen», von Schuldgefühlen angetrieben, ist unklar, nicht ehrlich, ist mühsam und krankmachend. Das heißt jetzt nicht: Geh los und sage allen, was Du von ihnen hältst, lospolternd, provozierend, erniedrigend.

Es geht um die Klarheit und Wahrheit in Dir selbst. Es geht um die Liebe zu Dir und zum Nächsten. Es geht um eine ehrliche Lebensform, die Dich und den Anderen weiterbringt, die aus Deiner eigenen Kraft entsteht und nicht Deinem Umfeld zum Gefallen absolviert wird:

*«**Ich bin** für ein offenes, ehrliches Wort!»*

Wer sich selbst achtet, der achtet auch den Anderen. Wer sich selbst Respekt entgegenbringt, der bringt auch den Anderen Respekt entgegen. Wer sich selbst liebt, der kann auch andere lieben.

Sorge für Klarheit in Deinem Leben.

Jede Entscheidung, die Du triffst, ist besser als eine

Nicht-Entscheidung. Denn die kostet Energie. Durch jede Entscheidung, die Du nicht triffst, die Du umgehst, vor der Du Dich – auch aus Schuldgefühlen – drückst, wirst Du zu Deinem eigenen Energie-Vampir. Du beraubst Dich Deiner eigenen Lebenskraft ...

Burnout!

Eine falsche Entscheidung kannst Du meistens korrigieren, die Nicht-Entscheidung nicht. Gib Dir die Freiheit, immer häufiger zu sagen: «Alles klar!» Alles klar für die eigene Kraft.

Klarheit zu schaffen auf allen Ebenen Deines Lebens ist die erste Voraussetzung für einen ehrlichen und selbstbestimmten Lebensweg. Klarheit, die dem Herzen entspringt, ist fulminanter Rückenwind. Sie ist die «Promotion» Deines Fort-Schrittes.

*«Bei **mir** ist es so: **Ich** hab die **Ziele klar**!»*

Janis Joplin

Anfang der 70er Jahre hatte Janis Joplin einen Riesenerfolg mit ihrem Song «Me and Bobby McGee». Berühmt vor allem mit der Textzeile

FREEDOM'S JUST ANOTHER WORD FOR NOTHING LEFT TO LOOSE

...was soviel heißt wie: Freiheit ist, wenn Du nichts zu verlieren hast. Oder: Wenn Du loslassen kannst, hast du die Hände frei.

Manchmal kann es (über)lebensnotwendig sein, sich für das Loslassen zu entscheiden. Dass Janis Joplin an ihren Drogen festhielt, kostete sie mit 27 Jahren das Leben.

DER SINN DES LEBENS

An manchen Wendepunkten unseres Daseins ist es wichtig, innezuhalten und sich zu fragen: **Welchen Sinn will ich meinem Leben geben?**

Die meisten Menschen fragen sich: Welchen Sinn **hat** das Leben? Darauf wirst Du aber keine Antwort bekommen. Es geht also um Deine Klarheit, um Deine Entscheidung, was für Dich den Sinn ausmacht:

Und ... **wofür bist DU auf der Welt?**

Welchen Sinn gibst DU Deinem Leben?

SCHAUKEL DEIN DING UND HAB SPAß IM LEBEN...

KIM BASINGER

EIN ENGAGIERTES LEBEN HINTERLASSEN. DER MENSCHHEIT DIENEN...

MARTIN LUTHER KING

GENIEßEN UND EHRLICH SEIN...

FREDDIE MERCURY

DENKEN WIR AN DAS, WAS EINEN WIRKLICHEN WERT BESITZT,

AN DAS, WAS UNSEREM LEBEN EINEN SINN GIBT,

UND SETZEN WIR UNSERE PRIORITÄTEN DEMENTSPRECHEND.

DER XIV. DALAI LAMA

*«Was **ich** gerne mache? – Den Menschen ein Lächeln schenken.»*

DIE GESCHICHTE VON DEN STRÄNDEN ... ODER: MUT ZUR KLARHEIT

Die Komfortzone, die Bequemlichkeitsfalle, besitzt große Macht. Sich nicht zu verändern, ist ja in aller Regel bequemer und weniger anstrengend. Auf jeden Fall aber sicherer.

Wenn man keine Entscheidungen trifft, geht die Fehlerquote gegen Null. Meint man. Glaubt man. Hofft man. Doch gerade Menschen, die sich nicht bewusst entscheiden, fühlen sich oft hin- und hergerissen.

Wer kann denn wissen, ob eine Persönlichkeitsveränderung wirklich Wachstum bedeutet oder Abbau nach sich zieht? Ob sie mich bereichert und wirklich freier macht? Oder scheitern lässt?

Viele Menschen haben ihre Leichen im Keller. Aber der Keller ist vertraut. Wer kann sich sicher sein, dass in einem neuen Keller nicht noch mehr Unrat liegt? So habe ich ja wenigstens den Spatz in der Hand ...

Deshalb handeln eine ganze Reihe von Menschen

nach der Devise: Lehre mich schwimmen, aber mach mich bitte nicht nass!

In psychotherapeutischen Sitzungen spreche ich häufig von folgendem **Bild**: Stell Dir vor, die Persönlichkeit des Menschen wäre wie ein großer, langer Sandstrand. Dieser Strand hat sich allerdings im Laufe der Jahre und Jahrzehnte verändert, verfärbt, hat sich vermengt mit Schlick und Teerflecken, mit Algen und Dreck.

Hier lässt sich nicht mehr genussvoll in der Sonne aalen, kein feiner Sand rieselt durch die Finger, das Barfußlaufen macht kaum noch Spaß ... Dieser Strand ist also keine unberührte, vollkommene Daseinsform. Kein Karibik-Strand, keine blaue Lagune ...

So möchte man es nicht mehr haben. So möchte man nicht mehr leben.

Die Hitliste der «HEIẞEN WERTE»

Trendforscher sagen schon seit geraumer Zeit ein Aufkommen der Sinnfragen vorher. Der Zukunfts-Philosoph Dr. Andreas Giger hat in Zusammenarbeit mit dem Zukunftsinstitut von Matthias Horx (*www.zukunftsinstitut.de*) im Jahre 2004 die wichtigsten Werte untersucht. Die **EIGENVERANTWORTUNG** befindet sich als wichtigster Wert neu auf Platz 1. Die nächsten Plätze nehmen der absolute Aufsteiger **LEBENSQUALITÄT** sowie die **LEBENSFREUDE** und die **LIEBE** ein. Schon auf Platz 5 folgt der **LEBENSSINN**. Die **ECHTHEIT** als Wert, die vor einigen Jahren noch gar keine Rolle spielte, ist auf Platz 8 gestiegen. Unmittelbar dahinter befinden sich die **GESUNDHEIT** und das lebenslange **LERNEN**. Selbst ein lange Zeit recht unbedeutender Wert, die **WEISHEIT**, ist auf Platz 12 vorgerückt.

Der Boom der Werte **EIGENVERANTWORTUNG** und **LEBENSQUALITÄT** zeigt die wachsende Zustimmung zur Aussage: Niemand anderes als **ich selbst** hat die Verantwortung für meine Lebensqualität.

Nun liegt ein kleines Boot fest vertaut am eigenen Strand – aber wie soll man damit in See stechen? Wie vorankommen? Und vor allem: wohin?

Die Idee des Klienten ist häufig so ... es möge doch bitte der Therapeut, der Trainer, der Ratgeber, der väterliche Freund dafür sorgen, dass sich hier etwas Entscheidendes ändert. Fast kann ich den inneren Dialog meines Gegenübers hören, der sagt:

«Lieber Therapeut, Du kennst Dich doch aus in der Welt und auf hoher See. Kannst Du nicht über das Meer zu einer Insel, einem Strand segeln, der viel schöner ist als der meine? Weißt Du, ich habe an meinem alten Strand zwar auch ein Boot liegen, aber ich traue mir den Weg über das Meer nicht zu.

Kannst Du mir nicht einen wunderschönen Strand aussuchen für meine neue, selbstbewusste und allseits beliebte Persönlichkeit? Am liebsten wäre mir, Du würdest – wie von Zauberhand – den feinen, neuen Strand über das weite Meer zu meinem alten Ufer treiben. Und dann würde ich das neue Ufer so richtig begehen, erfühlen, durchwandern, erproben ...

Und wenn es dann wirklich wesentlich schöner ist als der alte Strand – ja, dann lasse ich das Tau vom alten Ufer los und bin glücklich über das Geschenk einer neu gewonnenen Persönlichkeit.»

Jedoch – wertvoller ist die Wirklichkeit...
Der Therapeut, der Trainer, der väterliche Freund – sie können Dir Navigationsinstrumente zur Verfügung stellen. Aber Dich aufmachen und rudern, das musst Du selbst.

Ohne Eigenverantwortung gibt es keinen Passagierschein für den neuen Strand. Die Selbstverantwortung beim Fällen von Entscheidungen gibt uns den Mut zum Aufbruch. Zum Auf-Brechen von alten verbrauchten Strukturen, zum Loslassen, zum Weitergehen ... Zur endgültigen Hinwendung auf das Neue.

Das Neue macht Angst – daran ist es leicht zu erkennen. Aber nur, wenn Du Dich dem Neuen öffnest, dann hast Du auch die Chance, neue Wege zu finden, auf denen Freude, Erfüllung und Glück möglich werden.

«Jetzt mach' ***ich*** *nur noch, was* ***ich bin***!»

STUFEN

... ES MUSS DAS HERZ BEI JEDEM LEBENSRUFE
BEREIT ZUM ABSCHIED SEIN UND NEUBEGINNE,
UM SICH IN TAPFERKEIT UND OHNE TRAUERN
IN ANDRE, NEUE BINDUNGEN ZU GEBEN ...

KAUM SIND WIR HEIMISCH EINEM LEBENSKREISE
UND TRAULICH EINGEWOHNT,
SO DROHT ERSCHLAFFEN,
NUR WER BEREIT ZU AUFBRUCH IST UND REISE,
MAG LÄHMENDER GEWOHNHEIT
SICH ENTRAFFEN ...

... WOHLAN DANN, HERZ,
NIMM ABSCHIED UND GESUNDE!

HERMANN HESSE

LIEBE IST DAS EINZIGE,
WAS WÄCHST,
WENN WIR ES VERSCHWENDEN.

RICARDA HUCH

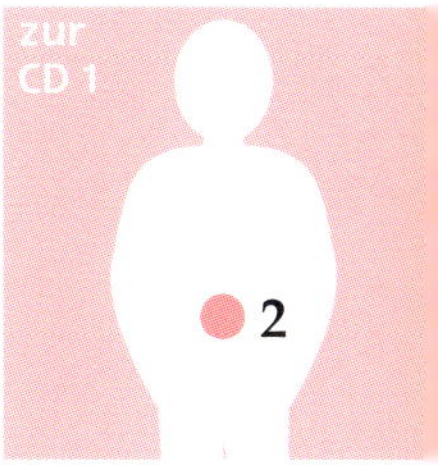

SCHLÜSSEL 2: DIE LIEBE

ES LEBE DIE LIEBE!

Wenn Du an dieser Stelle eine kompetente Abhandlung über die Liebe erwartest, dann muss ich Dich enttäuschen. Gerade die Liebe kann man nicht theoretisch abhandeln – lebe sie. So dienst Du ihr am besten.

Das schönste deutsche Wort

Ein schönes Wort weckt Assoziationen, malt Bilder und formt Gedanken – oder es klingt einfach schön. Einige Wörter sind besonders kurz und prägnant, andere üppig und ausschweifend. Einige sind humorvoll, andere stimmen nachdenklich oder laden zum Träumen ein.

Im Jahre 2004 rief der Deutsche Sprachrat zu einem Wettbewerb auf, das **SCHÖNSTE DEUTSCHE WORT** zu küren.

Über 22000 Einsendungen bestätigten, dass bei den Vorschlägen die deutsche Empfindsamkeit durchschlägt:

Auf Platz 1 der am häufigsten genannten deutschen Wort-Favoriten hat es die **LIEBE** geschafft, dicht gefolgt von **HEIMAT** und **GLÜCK**.

Platz 4 und 5 der deutschen Lieblingswörter nehmen **SEHNSUCHT** und **VERGISSMEINNICHT** ein. Auf Rang 6 bis 10 finden sich die Wörter **STREICHELEINHEIT**, **FRÜHLINGSERWACHEN**, **KINDERLACHEN**, **FEIERABEND** und **WOLKENKUCKUCKSHEIM**.

Und wenn Du nun schaust, dann führt jedes Lieblingswort der Deutschen immer auf die **LIEBE** zurück ... Heimat und Glück!

LIEBE? – NICHTS FÜR MÄNNER!

«Liebe? Über Liebe kann man ja vielleicht etwas unter vier Augen sagen ... aber schreiben? Sich also bekennen? Soll ich denn sagen: Ich liebe!?
‹Ich liebe meine Kinder› – das ist selbstverständlich.
‹Ich liebe meine Frau› ... geht auch noch durch.
Aber dann ist Schluss!
‹Ich liebe meine Kunden›, das kann man doch nicht sagen. Oder: ‹Ich liebe meine Mitarbeiter› ... das nimmt mir doch keiner ab.

Man kann doch einem Manager nichts von Liebe erzählen. Da hat doch mal jemand ‹Management by love› propagiert. Anfang der 90-er Jahre. Das klang fast peinlich. Im Business kann man doch nicht mit solchen Begriffen hantieren.

Das Wort Liebe ist richtiggehend heikel, denn es hat so einen schwülstigen Beigeschmack. Das ist nichts für Männer! Es ist schon problematisch genug, wenn die Frauen immer mehr Gefühle einfordern.
Zur ‹Liebe› fällt einem deshalb wirklich nichts mehr ein ...»

Die Stimme aus dem «Off»:
«Wenn Du sechs Worte beherzigst, kannst Du alle anderen Sätze streichen.»
«Sechs Worte?»
«Liebe Deinen Nächsten ... WIE DICH SELBST.»
Gibt es Größeres zu sagen?

ÜBERWERTIGKEITSKOMPLEX

Der Mensch spricht gerne vom «Minderwertigkeits-komplex»: Ich fühle mich minderwertig, ich traue mir nichts zu, die anderen sind besser als ich, ich mag mich gar nicht im Spiegel betrachten, gerade jetzt, wenn der Sommer kommt! Ich kann nicht mitreden, bin kein interessanter Gesprächspartner, bin zu schüchtern ... was habe ich erreicht im Leben?

Dann pflege ich zu antworten: «Es gibt keinen Minderwertigkeitskomplex, es gibt nur einen **Überwertigkeitskomplex**.»

Das versteht niemand: «Wieso **ü b e r** wertig?»

«Wenn Sie sich auf einer Tanzfläche bewegen, dann stellen Sie sich vor, dass alle Menschen Sie beobachten. Äußern Sie Ihre Meinung, dann glauben Sie, dass die Leute noch Wochen später schlecht über Sie reden. Und wenn Sie durch ein Festzelt laufen, um den Tisch mit Getränken zu versorgen, dann sind Sie sicher, dass alle Gespräche verstummen und tausend Augenpaare hinter Ihnen herstarren.

Ja, sind Sie denn Naomi Campbell, Brad Pitt oder Nicole Kidman? Sie haben ein Problem: Sie nehmen sich zu wichtig.»

An dieser Stelle erfolgt ein befreiendes Lachen.

Über sich selbst lachen zu können, rückt die Dimensionen wieder zurecht.

DAS SELBSTVERTRAUEN
IST ENG VERBUNDEN MIT DER ÜBEREINSTIMMUNG
UNSERER WAHRNEHMUNG UND DER WIRKLICHKEIT.

MATTHIEU RICARD

FÜR MICH SOLL'S ROTE ROSEN REGNEN,
MIR SOLLTEN SÄMTLICHE WUNDER BEGEGNEN.
DIE WELT SOLLTE SICH UMGESTALTEN
UND IHRE SORGEN FÜR SICH BEHALTEN.

HILDEGARD KNEF

DAS ROTE-ROSEN-SYNDROM

Es gibt eine ganze Zahl von Menschen, die glauben, das Leben müsse ihnen Tag für Tag etwas Besonderes bieten, sie seien die Auserwählten. Ich nenne es das «Rote-Rosen-Syndrom». Das ist keine wissenschaftliche Bezeichnung – die medizinische Beschreibung lautet: «Narzistische Persönlichkeitsstörung», und sie hat Krankheitswert.

Diese ungesunde Haltung hat mit einem Auswuchs der Liebe zu tun, nämlich mit der sich selbst überhöhenden, ich-bezogenen, narzistischen Eigenliebe. Narzisten stehen im Spiegelsaal und sehen von allen Seiten nur sich selbst. Der Weg zur wirklichen Selbstliebe setzt jedoch den Abschied vom Narzismus voraus.

Der Kölner Objektkünstler Victor Bonato gestaltete ein Kunstwerk, auf dessen Marmorsockel ein großer, hoher Spiegel angebracht war. Nur wurde der Spiegel «falsch herum» aufgehangen: die Spiegelseite zur Rückwand, die blinde Rückseite nach vorne, zum Betrachter hin. Dieser Spiegel lässt im wahrsten Sinne des Wortes kein Spiegelbild zu. Nichts und niemand kann sich in ihm spiegeln. Bonato nennt das Werk: «Abschied des Narziss».

Für mich soll's rote Rosen regnen? Die Weisheit liegt in der Beschränkung. Vielleicht sollten Narzisten

sich auch einmal die Kehrseite der Medaille zu Herzen nehmen, nämlich:
«LIEBE DEINEN NÄCHSTEN ... wie Dich selbst.»

WIE VIEL SELBSTWERT DARF ES DENN SEIN?

Ja, das ist schon ein Kreuz mit dem Selbstwertgefühl ... Warum glauben nur so viele Menschen, dass sie weniger wert seien als die Nachrichtensprecherin, der Olympiasieger, die Sängerin oder die Nachbarin mit der guten Figur? Klar, daran ist sicher die Kinderzeit schuld. Vielleicht liegt es aber auch nur daran, dass Menschen mit «Minderwertigkeitskomplexen» falsche Bewertungen zugrunde legen. Sie verknüpfen nämlich das Ergebnis einer Handlung mit ihrem Wert als Mensch: Hier habe ich versagt – und deshalb bin ich weniger wert als die anderen. Oder: Ich hätte dieses und jenes tun müssen. Dann wäre ich wertvoller. Das Wichtigste fehlt: Nämlich das kleine Wörtchen «**und**».

Versuche einmal laut zu sagen: «Ich bin durch die Prüfung gefallen, **und** ich bin als Mensch genauso viel wert wie vorher.» «Der Typ hat mir 'nen Korb gegeben, **und** ich bin als Mensch genauso viel wert wie vorher.» «Ich habe mich beim Vorstellungsgespräch ungeschickt verhalten, **und** ich bin als Mensch genauso viel wert wie vorher.»

Den «Sich-wertlos-Fühlenden» gebe ich folgende Frage: «Stell Dir vor, Du stehst in einem Kreißsaal. Dort siehst Du zwanzig neugeborene Kinder liegen. Einige schlafen gerade, andere dösen oder quäken. Wir haben eine Reihe gesunder und einige behinderte Kinder. Und – es sind verschiedene Hautfarben vertreten ... **Wer von diesen Kindern ist am meisten wert?»**

Es gab noch keinen einzigen, der gesagt hätte: «Das blonde Kind mit den blauen Augen.» Alle sagen: «Da gibt es keinen Unterschied.»

«Okay, einen Monat später. Alle Kinder sind in ihren Familien. **Wer ist jetzt am meisten wert?**» Ganz wenige sagen: «Das hängt von der Schicht ab, in dem das Kind zuhause ist ...» Fast alle antworten: «Da gibt es keinen Unterschied.»

«**Ja, wann ändert es sich denn?**» Einige wenige: «Vielleicht hängt es davon ab, welche Schulform besucht wird.» Nahezu alle antworten: «Eigentlich nie.»

Dann frage ich: «**Und warum werten Sie sich selbst ab?**» «Das ist die Erziehung, die gängige Meinung ...»

«Und wer zwingt Sie, diese Meinung beizubehalten? Niemand verpflichtet Sie – und Sie tun es trotzdem!»

Ausschussware?

Zu mir kam eine alte, streng gläubige Katholikin. Laut Arztbesuch ein hoffnungsloser Fall. Sie war wie besessen von dem Gefühl, sie könne nicht in der Heiligen Messe zum Tisch des Herrn gehen, also die Kommunion empfangen, sie sei nicht würdig, sie sei überhaupt ein völlig wertloser Mensch. Allerdings: Als sie das sagte, war keine Zerknirschung zu spüren, kein schuldbeladenes Häufchen Elend saß da vor mir, nein, in den Augen blitzte etwas, wie ein gerade noch gezügelter Triumph ... Schau! Ich bin nicht würdig!

Ich fragte sie: «Sie kennen doch die Bibel. Im Buch Genesis steht: Dann sprach Gott: ‹Lasst uns Menschen machen als unser Abbild, uns ähnlich.› Und weiter: ‹Gott schuf also den Menschen als sein Abbild...›»

Die Textstelle war der frommen Frau nicht fremd, sie nickte heftig. «Nun folgen Sie mir mal ... Wenn Sie behaupten, nichts wert zu sein, Gott den Menschen aber nach seinem Ebenbild geformt hat, also auch Sie, dann behaupten Sie ja, Gott habe mit Ihrer Person **Ausschuss** produziert. Das ist ja schon fast Gotteslästerung. Meinen Sie, Gott freut sich über ein solches Denken?»

Sie war völlig perplex, ratlos. Ihr stiller, innerer Triumph war schlagartig verschwunden.

Ob diese Dame am Folgesonntag als würdevoller, gleichwertiger Mensch zur Kommunion gegangen ist, entzieht sich meiner Kenntnis, aber den Wandel im Gesicht nach dem Wort «**Ausschuss**?» werde ich nie vergessen.

DAS MAß DER LIEBE

Eine Brücke wird oft von zwei Pfeilern getragen. Was würde passieren, wenn diese zwei Pfeiler, die die Brücke stützen, auf **einer** Seite eng zusammen stehen würden, während auf der anderen Seite kein Pfeiler existierte? Was würde geschehen, wenn alle tragenden Elemente des Hauses auf **einer** Seite vorhanden wären – und auf der anderen Seite nicht? Was wäre die Folge, wenn alle vier Räder Deines Autos nur auf **einer** Seite angebracht wären?

Zusammenbruch, Einsturz, Fahruntüchtigkeit.

Eine gute Partnerschaft verhält sich wie zwei Pfeiler einer Brücke. Jeder Partner steht für sich, ist Unikat, ist einzigartig, ist selbstständiges Individuum. Die Partnerschaft kann sich nur Raum geben, Luft lassen, tragfähig sein, wenn beide Pfeiler nicht zu eng beieinander stehen. Beide Menschen sind getrennt –

und doch miteinander verbunden, denn beide haben ihre Brücke gebaut.

Eine Partnerschaft, die das richtige Maß an Nähe **und** Distanz berücksichtigt, ist tragfähig. So steht keiner im Schatten des anderen. So kann jeder sich selbst leben, ohne zu verschmelzen, ohne im anderen aufzugehen, ohne sich aufzugeben.

Dazwischen

Um unser Sicherheitsbedürfnis zu befriedigen,
suchen wir Nähe und Bindungen.

Je mehr wir davon bekommen,
desto bedrückter fühlen wir uns.

Um unser Freiheitsbedürfnis zu befriedigen,
suchen wir Unabhängigkeit und Distanz.

Je mehr wir davon bekommen,
desto isolierter fühlen wir uns.

«**Symbiose**» heißt: lebensnotwendige Abhängigkeit. Es gibt nur **eine** natürliche Symbiose im menschlichen Leben: das heranwachsende Baby im Mutterleib. Hier ist es eindeutig: Wir zwei sind eins.

Doch schon mit der Abnabelung stimmt das nicht mehr. Zwar erlebt sich der Säugling, das Kleinkind, bis zum zweiten Lebensjahr als eins mit der Mutter, dennoch sind beide körperlich getrennt.

Wie oft hast Du Menschen kennen gelernt, die ihren Partner mit den Worten vorstellen: «...meine bessere **Hälfte**!» Wie oft hast du erlebt, dass die Frau zum Mann «Vati» sagt, der Mann zur Frau «Mutti»?

Der Wunsch nach permanenter Verschmelzung

fördert die Angst vor Verlust und Einsamkeit. Wenn ich nur **eine Hälfte** bin – wie soll ich überleben können, wenn mein Partner stirbt, er mich verlässt oder sich sonstwie unsere Wege trennen? Stehen zwei Pfeiler einer Brücke aber in richtigem Maße zueinander, so stehe ich fest in mir, auch wenn die Brücke eines Tages zusammenfällt.

Gib Dich nicht auf. Aus Liebe zu Dir: Sei es Dir wert, Dich selbst anzunehmen. Eigenständig, selbstbewusst und einzigartig.

**WENN WIR EINE GROßE ENTTÄUSCHUNG ERLEBEN,
SO WISSEN WIR NICHT,
OB DAS DAS ENDE DER GESCHICHTE IST.
ES KANN GENAUSO GUT DER ANFANG
EINES GROßEN ABENTEUERS SEIN.**

PEMA CHÖDRÖN

E

DIE SPRACHE DER LIEBE

Das Herz spricht leise, aber tausendfach intensiver als die Stimme, die Du kennst und täglich in Deinen Gesprächen gebrauchst. Die Stimme des Herzens kann wie Feuer sein, wie eine Glut, ein zündender Funke. Sie ist Zustimmung und Zuneigung. Die Sprache des Herzens ist die Sprache der Liebe. Sie führt Dich in eine unermessliche Tiefe, in das Heil Deiner Seele, in die raum- und zeitlose Erfahrung Deiner Selbst.

Die Sprache der Liebe kennt keine Begriffe wie Angst und Furcht. Sie urteilt und verurteilt nicht. Sie schöpft aus der Überfülle des Lebens. Sie ist die engste Verbindung zu Gott. Sie ist der vollständige Einklang mit sich selbst, mit dem Anderen, mit der

Natur und allen Elementen. Das Eins-sein mit der göttlichen Schwingung. In der Sprache des Herzens und der Liebe gibt es keine Fragen. Und es gibt keine Antworten. Es gibt nur eins: Das Hier und das Jetzt.

Ich bin.

Die Stimme der Liebe ist fraglos, geräuschlos – und doch so machtvoll. Sie drängt sich nicht auf. Besitzt andere nicht und gibt sich selbst nicht auf. Sie ist unangreifbar und führt keinen Kampf. Sie hadert nicht, sie überhöht und unterwirft sich nicht.

Sie ist.

Die Sprache der Liebe beansprucht nicht. Sie ist der Ausdruck reiner Seelentiefe und Harmonie. Eine Stimme tiefster Gewissheit: Alles ist eins. Es gibt keine Trennung. Weder zwischen Körper, Geist und Seele, noch zwischen Mensch und Mensch, Mensch und Natur, Mensch und Gott.

In der Sprache der Liebe ist alles verborgen – und liegt alles offen. Wer die Stimme der Liebe wiederentdeckt, hat das Labyrinth seines Lebens durchschritten. Er ist zum Zentrum zurückgekehrt.

*«...Da kam **ich** ins Schwärmen: ‹Unser Garten, das ist so richtig was für **die Seele**!› Da sagt **mein** Mann: ‹Komm mal wieder runter. Muss alles bezahlt werden!›»*

WAS IST LIEBE?

Orientiere Dich ruhig an der Wahrheit und Unbeschwertheit der folgenden Antworten auf die einfache Frage: «...Was ist Liebe???»

«Liebe bringt dich zum Lächeln, wenn Du müde bist.» (Terri, 4 Jahre)

«Wenn Menschen sich lieben, dann sprechen sie Deinen Namen anders aus. Du weißt dann, Dein Name ist sicher in ihrem Mund.» (Billy, 4 Jahre)

«Liebe ist das, was mit Dir im Raum ist, wenn Du an Weihnachten aufhörst, Geschenke aufzumachen und lauschst.» (Bobby, 5 Jahre)

«Liebe ist wie eine kleine alte Frau und ein kleiner alter Mann, die immer noch Freunde sind, obwohl sie sich so gut kennen.» (Tommy, 6 Jahre)

«Wenn Du jemanden liebst, gehen Deine Augen auf und lauter kleine Sterne fliegen aus Dir heraus.» (Karen, 7 Jahre)

«Als meine Oma Arthritis bekam, konnte sie sich nicht mehr nach vorne beugen und ihre Zehennägel lackieren. Ab da tat es mein Opa für sie, auch dann, als seine Hände ebenfalls Arthritis bekamen. Das ist Liebe ...» (Rebecca, 8 Jahre)

«Es gibt zwei Arten von Liebe. Unsere Liebe. Gottes Liebe. Aber Gott macht sie alle beide.» (Jenny, 4 Jahre)

«Liebe ist, wenn Mami Papi das bessere Stück Hühnchen gibt.» (Elaine, 5 Jahre)

BOTSCHAFT DER LIEBE

E

Lebe in Frieden mit Dir und den anderen.
Gehe den Weg des Herzens.

Die Liebe aber ist das Höchste von allem.
Liebe vergleicht und bewertet nicht.
Darum tue alles, was Du tust, aus Liebe.
Aus Liebe zu Dir, aus Liebe zum anderen
und aus Liebe zum Universum.

Ich wünsche Dir, dass Du diese Harmonie
in Dir spüren kannst – immer und immer wieder.
So wahr Dir Gott hilft.

Eines Tages ... fragte der Stoffhase das Holzpferd: «Was ist wirklich?» Das Holzpferd antwortete: «Wirklich ist nicht, woraus man gemacht ist, sondern was an einem geschieht. Die Liebe macht wirklich.»

VERTRAUEN
IST DER ANFANG
VON ALLEM.

MISSTRAUEN
IST DER ANFANG
VOM ENDE.

DETLEF KOENIG

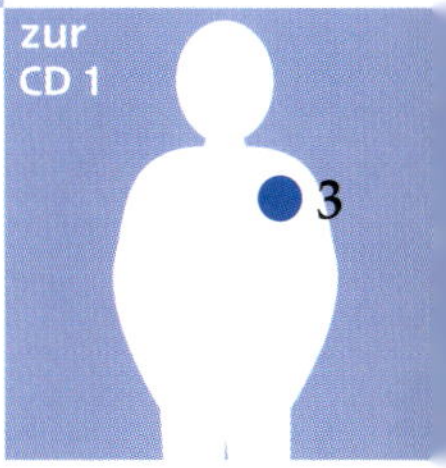

SCHLÜSSEL 3: DAS VERTRAUEN

VERTRAUEN IST GUT, KONTROLLE IST BESSER?

Es ist schon eine komplizierte Sache mit dem Vertrauen. Da sitze ich jetzt vor dem leeren Blatt, denke und denke ... Und denke mir vor allem: Warum fällt es Dir so schwer, etwas über das Vertrauen zu schreiben? Mit dem Vertrauen tue ich mich schwer. Wahrscheinlich ist es für mich der schwierigste aller 7 Schlüssel. In meinen Meditationen empfange ich immer wieder die Botschaft: «Habe Geduld und habe Vertrauen.» Ich weiß, mein halbes Leben lang bin ich ungeduldig.

Ich stelle mir vor, wie schwierig, wie belastend es ist, wenn ein Partner extrem zur Eifersucht neigt. Damit habe ich Gott sei Dank nie Probleme gehabt. Aber ich kann nachfühlen, dass es den Brustkorb total verengt, ja, dass man sich eingeschnürt fühlt, wenn es immer wieder zu Eifersuchtsszenen, zu Ängsten um das Fehlen von Sicherheiten kommt.

Max Frisch beschrieb es einmal so: «Eifersucht ist die Angst vor dem Vergleich.» «Aber», so wird der eifersüchtige Mensch einwenden, «es ist doch nur ein Ausdruck meiner Liebe, wenn ich eifersüchtig bin!» Ja? Ist es Liebe, wenn Vertrauen fehlt?

Vertrauen hat ebenso wie Klarheit mit «**Loslassen**» zu tun. Der Unterschied: Während in der «Klarheit» das Loslassen der Vergangenheit im Vordergrund steht, bedeutet das Loslassen bei «Vertrauen» ein Sich-Öffnen für die Zukunft.

Als Neugeborene sind wir offen für alles. Ob wir es späterhin bleiben – darüber entscheidet weitgehend das **Ur-Vertrauen**: Es entsteht im frühen Kindesalter. Wenn Du innerhalb der ersten beiden Lebensjahre von Deiner Mutter oder einer festen Bezugsperson viel Zeit und Zuwendung geschenkt bekamst, konntest Du leichter Vertrauen in Dich und die Welt entwickeln.

Vertrauen wächst auch durch kleine Gesten. Die Mutter, die den Säugling wickelt, verhält sich ja in aller Regel nicht so wie beim Entkalken der Kaffeemaschine. Da wird das Kindchen geherzt und geküsst, die Finger streicheln über das Bäuchlein, liebevolle Geräusche und Wortsilben werden dem Baby zuteil, es wird angelächelt, die Augen berühren sich ... Es wird gedrückt, zärtlich umhegt, und darf die Wärme des mütterlichen Körpers spüren: Ein gemachtes Nest für die Entwicklung von Urvertrauen.

Was geschieht dabei? Wenn die Mutter ihr Baby streichelt, erfährt dieses kleine Wesen: Es ist ein schönes Gefühl, da, an der Stelle, wo ich gerade gestreichelt werde. Ich fühle mich wohl in meiner Haut. Mir geht es gut. Ich bin geschützt. Ich kann vertrauen.

Noch ein Weiteres geschieht: Das kleine Menschenkind spürt unbewusst, dass dort, wo durch das Streicheln der Mutter dieses schöne Gefühl entsteht, meine Grenze ist. Da höre ich auf. Da wird mir von außen Gutes getan, weil ich «ich» bin. Ich bin es wert, dass es mir gut geht. Das Baby bekommt einen Bezug zum Außen und Innen, zum Ich und zum Du. Es lernt sich abzugrenzen, wenn es spürt: Hier, an meiner körperlichen Grenze, da bin ich sicher.

Es hat die Grundfähigkeiten gelernt, im nächsten Schritt – mit ca. zwei Jahren – in die Entwicklung zum Individuum einzutreten. Ein Kind, das so liebevoll seine Grenzen erspüren konnte und sich darin wohlfühlte, braucht als Erwachsener nicht zu verschmelzen, sein Ich nicht aufzugeben. Es kann sich zum selbstbewussten, sozialen Wesen entwickeln.

Ein wichtiger Aspekt bei der Entwicklung des Selbstvertrauens ist also die Nähe, die Liebe und das Vertrauen der elterlichen Bezugspersonen.

Nicht jeder hatte dieses Glück. Aber es hilft auch nicht viel, sich über die ersten Lebensjahre zu beschweren und die Schuld im Elternhaus zu suchen. Es geht nicht um Schuld. Es geht um die Frage:
Was kannst Du **heute** für Dich tun, um Vertrauen zu schöpfen? Wie findest Du **heute** einen leichteren Zugang zum Vertrauen?

Das Problem ist, dass der Mensch zuviel denkt. Die Menschen grübeln, zermartern ihr Gehirn, sind pausenlos damit beschäftigt, ihre grauen Zellen zu strapazieren …

Du hältst einen Vortrag auf der Mitgliederversammlung Deines Sportvereins … und zwei Zuhörern in der letzten Reihe fallen die Augen zu. Was denkst Du? «Das interessiert ja niemanden. Mein Gott, ich rede langweilig, die schlafen ein.»

«Prophetendenken». Diese gedankliche Zermarterung – meist mit negativer Färbung – bedeutet, dass ich eine Situation für mich selbst als ungünstig einschätze, obwohl ich keinerlei Beweise dafür habe.

Also, grüble nicht darüber, was der Andere denken könnte. Vertrauen ist mehr, als Gründe – positive oder negative – zu suchen. Vertrauen heißt vor allem:
Vertrauen ins Du, Vertrauen in die Welt zu haben.

ÜBUNG

WENN DU DEIN VERTRAUEN TESTEN WILLST...

Suche Dir einen Partner aus, der sich hinter Dich stellt, Dich aber nicht berührt. Er steht im leichten Spreizschritt mit angewinkelten Armen einen guten halben Meter hinter Dir. Nun schließe die Augen, stelle Dir vor, Deine Fußknöchel bestehen aus Kugelgelenken. Du kannst also in alle Richtungen fallen. Nun stelle Dir weiter vor, dass Du von einer Energie nach hinten gezogen wirst, die langsam, aber wirklich ganz langsam, Deinen Körper von den Fußknöcheln – den Kugelgelenken – an nach hinten schwanken lässt. Die Augen sind geschlossen. Dir fehlt jede Orientierung und jede Sicherheit, auf welche Weise Dein Übungspartner hinter Dir steht und wie er vorhat, Dich aufzufangen. Du spürst: Der Zug nach hinten wird stärker. Du schwankst weiter in den Kugelgelenken ... bis Du das Gleichgewicht verlierst ... und jetzt, in diesem

Moment, wie ein Baum nach hinten fällst.

Was ist? Fällst Du wirklich? Traust Du Dich, zu vertrauen? Oder machst Du schnell einen kleinen Ausfallschritt nach hinten, um Dich selbst abzufedern, aufzufangen?

Wenn Du Dich einfach fallen lässt: Prüfung bestanden. Wenn nicht: Weiter üben – oder Dir vorher klar machen, warum Du in Deinem Leben immer und zu jeder Zeit die Kontrolle über Dich behalten willst. Wozu Du die absolute Sicherheit über das, was mit Dir geschieht, wirklich brauchst.

Natürlich kann etwas schief gehen. Ich sage nicht: Die Hinterfrau, der Hintermann fangen Dich hundertprozentig auf. Möglicherweise unterschätzen sie Dein Gewicht – und ihr kippt beide nach hinten. Es gibt keine hundertprozentige Sicherheit im Leben. Trotzdem wirst Du ohne Vertrauen auf viele positive Erfahrungen verzichten müssen.

Bei allem darfst Du eins nicht übersehen: Es gibt kein Vertrauen ohne Offenheit. Um Vertrauen zu erfahren, musst Du Dich öffnen.

ÖFFNE DICH!

Öffne Dich Deinen Sinnen. So lernst Du, Deinen eigenen Fähigkeiten zu vertrauen. Lerne, Deine Sinne bewusst und mit Freude wahrzunehmen. Wenn Dir die Sinne Sicherheit geben, öffnen sie Dich gleichzeitig für das Vertrauen nach innen und außen.

Öffne Dich den heilenden Energien guter, harmonischer Musik. Bach und Mozart – so sagen Musiktherapeuten – setzen durch ihre ruhigen, aber auch fröhlichen Kompositionen heilende Kräfte im Menschen frei. Krebspatienten werden offener, freier und selbstbewusster, wenn sie zu Ouvertüren und Sinfonien von Bach und Mozart mit Fingerfarben malen. Öffne Dich harmonisierender Musik – und Du aktivierst Deine gesunden Anteile und kommst eher ins Gleichgewicht.

Die Natur heilt. **Öffne Dich** dem Wesen der Natur. Wenn die Natur der größte Heiler ist, wovon ich ausgehe, kann sie Dir ein Stück Deines fehlenden Ur-Vertrauens wiedergeben. Denke immer daran: Du bist Teil der Natur!

Öffne Dich den Menschen gegenüber. Es gibt eine ganze Reihe von Pessimisten, die immer nur das Schlechte annehmen. Die Menschen seien halt so, wie sie sind. Man könne ihnen nicht vertrauen. Überall werde nur gelogen und betrogen. Man könne niemals sicher sein.

Aber was hilft es Dir, wenn Du immer das Schlechte annimmst? Was verbessert sich dadurch für Dich? Glaubst Du, Du bist dann geschützter? Glaubst Du, Du lebst dann mit weniger Risiko? Bist Du der Meinung, dass Du Dein Leben voll ausschöpfen und genießen kannst, wenn Du permanent misstraust? Glaubst Du, Du wirst dann weniger enttäuscht?

WENN WIR ERST EINMAL FESTGESTELLT HABEN,
DASS DIE GRUNDNATUR DES MENSCHEN EHER MITFÜHLEND ALS AGGRESSIV IST,
DANN VERÄNDERT SICH DIE BEZIEHUNG ZU UNSERER UMWELT VÖLLIG.
ZU SEHEN, DASS DIE ANDEREN GRUNDSÄTZLICH VON MITGEFÜHL GEPRÄGT SIND,
ANSTATT SIE ALS FEINDLICHE UND EGOISTISCHE WESEN ANZUSEHEN,
ENTLASTET UNS VON VIELEN SPANNUNGEN
UND FÜHRT UNS ZU VERTRAUEN UND EINEM LEBEN IN GELASSENHEIT.
ES MACHT UNS, KURZ GESAGT, VIEL GLÜCKLICHER.

DER XIV. DALAI LAMA

Vertrauen bedeutet ja nicht: Vertrauensseligkeit, blindes Vertrauen, Naivität. Vertrauen ist der goldene Mittelweg zwischen der Angst vor Kontrollverlust und Leichtgläubigkeit.

Dennoch möchte ich Dich ermutigen: **Öffne Dich** den Menschen – denn dann öffnest Du die guten Seiten in ihnen.

Die Einsicht in die wesentlichen Zusammenhänge des Universums kann Dir dabei helfen. Wenn Dir klar wird, dass Du Teil des Ganzen bist, dass Du umfangen und durchdrungen bist von göttlicher Energie, wird Dein Vertrauen in Dich und die Welt ungemein gefördert. Wenn Dir klar wird, dass dieses Leben eingebettet ist in ein weit größeres Leben, eine weit größere Liebe und Harmonie, dann kannst Du über

Dich selbst hinauswachsen. In ein Vertrauen hinein, welches das mangelnde Ur-Vertrauen Deiner Kindheit nicht nur ausgleicht, sondern hundertfach ersetzt.

Der göttlichen Liebe zu vertrauen ist die größte «Leistung», das größte Geschenk, das Du Dir machen kannst. Das Vertrauen in eine liebende, göttliche Energie erweitert Deinen Geist, Deine Blickwinkel und Perspektiven. Mehr noch: Es öffnet Dein Herz und Deine Seele für ein umfassendes Vertrauen, das wahrhaft «überirdisch» zu nennen ist.

Was willst Du mehr?!

DER FEUERLAUF – MUT ODER VERTRAUEN?

Da gibt es Menschen, die freiwillig und ohne Not, barfuß über glühende Kohlen laufen. Die Motive sind so unterschiedlich wie die Menschen, die sich das antun.

Das ist wirklich kein Trick: Die heruntergebrannte und flachgeharkte Holzkohle ist über 800 Grad heiß. Selbst, wenn die Glut ergraut, sind es noch 600 Grad.

Es gibt bislang keine einleuchtende wissenschaftliche Begründung, wieso die empfindsame Haut des Menschen diese außergewöhnlichen Strapazen unbeschadet überstehen kann.

Es gehört schon sehr viel Mut dazu, den ersten Schritt ins Glutbett zu setzen. Während einer dieser Aktionen erlebte ich eine junge Frau, die 5 Minuten barfuß auf dem Feuer tanzte. Beseelt, ohne Angst, anmutig, voller Hingabe und mit innerer Freude. Sie feierte ein Stück sich selbst.

Besonders anrührend war es, beim Feuerlauf ein behindertes Paar zu sehen, das gemeinsam Hand in Hand über das Feuer lief. Er fast erblindet, sie mit spastischer Körperbehinderung. Diese beiden drückten ihre innere Verbundenheit durch den gemeinsamen Lauf über die heißen Kohlen aus. Sie gingen für ihre Liebe durch's Feuer.

Ich erlebte Menschen, die für ihre Familie, für ihren Lebenserfolg und für ihr Selbstvertrauen über die heiße Glut liefen ... Und da wurde mir klar: Es ist nicht nur der Mut, der Dich zum Sieger über die Hitze werden lässt. Es ist das Vertrauen in Dich und das Feuer, in das Zusammenspiel beider Energien.

Möglicherweise ist es auch so: Wenn Du beseelt bist für eine Idee, wenn Du für eine Sache «brennst», wenn das innere Feuer so stark ist wie das äußere – dann kann Dir die Glut nichts anhaben!

Indianer zeigen eine besondere Dankbarkeit dem Feuer gegenüber. Regelmäßig halten sie Zwiesprache mit «Großvater Feuer». Hast Du das Feuer auf diese Weise schätzen gelernt, kannst Du Dich ganz mit ihm verbunden fühlen.

Wenn Dein Vertrauen einfach da ist, dann spürst Du tief in Dir: Es wird ein wunderschöner Lauf. Du spürst keine Zweifel. Du spürst keine Temperatur.

Noch nie bist Du so sanft, fast schwebend, mit spielerischer Leichtigkeit ins Ziel gelaufen.

Intuition

Du kannst Deinen «inneren Führer» nicht über Deinen Kopf beeinflussen. Du musst ihm vertrauen. Deine Intuition kannst Du nicht über Deinen Verstand befragen. Deine Intuition hakt nicht nach. Sie versucht nicht, Dich rational zu überzeugen.

Intuition funktioniert nur über Vertrauen.

WIRF DEIN HERZ ...
ÜBER DAS HINDERNIS
– UND SPRING IHM
NACH.

GOETHE

*«Man muss an **sich selber** glauben!»*

HINGABE

FREI ZU SEIN, OHNE EINE WAHL ZU HABEN,
HAT MIT HINGABE UND VERTRAUEN ZU TUN.
SICH FREIWILLIG DEM HINZUGEBEN,
WAS IN EINEM ANGELEGT IST.
DIE BELOHNUNG FÜR VERTRAUEN UND HINGABE
– SO VERSPRICHT DAS CHINESISCHE
WEISHEITSBUCH I GING – IST SEELENFRIEDEN.

BRIGITTE DENNEMARCK-JÄGER

E

VERTRAUEN WÄCHST

Höre auf zu «wollen».
Begrenze Dich nicht durch Dein analysierendes Denken – sondern sei offen für das, was kommt.

In Deinem Herzen ist alles Vertrauen, das Du brauchst. Wenn Du aus dem Herzen lebst, stellst Du keine Fragen mehr. Dann wird alles ganz einfach und klar. Vertrauen ist einfach da – wenn Du aus dem Herzen lebst. Du musst erst Deine eigene Mitte fühlen, bevor du abgeben kannst.

Dein Verstand treibt Dich weg von der Mitte – und deshalb fühlst Du Dich hin- und hergerissen.
Wenn Du voller Demut und Weisheit aus dem Herzen lebst, diskutierst Du nicht über «Vertrauen».
Deshalb bleibe in der Weisheit Deines Herzens und im Feuer Deiner Liebe.

Wenn Du im Vertrauen bist, bist Du offen und bereit. Wenn Du liebst, bist Du im Vertrauen. Die Liebe integriert. Sie kann nur aus dem Vertrauen leben.
Geh in Dein Herz und Du vertraust …
So einfach sind die Dinge des Lebens.

«Einen Spruch für Vertrauen? –
*Vertrauen … **hat man**!*
Da braucht man keine Sprüche.»

DAS BEDÜRFNIS ZUR REISE
IST DEM MENSCHEN EINGEBOREN.

WENN WIR NICHTS RISKIEREN
UND VORGESCHRIEBENE SOZIALE ROLLEN SPIELEN,
STATT UNSERE REISE IN ANGRIFF ZU NEHMEN,

FÜHLEN WIR UNS ERSTARRT, ENTFREMDET,
INNERLICH LEER.

CAROL S. PEARSON

ZWISCHENSTOPP – UND ÜBERBLICK

Jetzt stehst Du vor dem 4. Schlüssel. Der **Mut** ist die Mitte Deiner Wegstrecke. Deshalb ist es sinnvoll, einen Moment innezuhalten, um Dir bewusst zu werden, an welcher Stelle Deiner Reise Du Dich gerade befindest.

Der Weg der 7 Schlüssel führt Dich durch die Licht- und Schattenwelt. Es wird Dich vielleicht überraschen, aber Du kannst ihn und Dein ganzes Leben mit einer Heldenreise vergleichen:

Die **Klarheit** setzt die Entscheidung zum Aufbruch voraus. Willst Du Dich jetzt auf die Reise begeben?

Klarheit entsteht nicht von selbst. Sie schält sich aus der Unklarheit, der Verwirrung, dem Nebel, heraus. **Klarheit** kämpft gegen Gewohnheiten, Mangel an Liebe und an Vertrauen. Deshalb kann der Weg der **Klarheit** ein langer, umkämpfter Weg voller Hindernisse und Stolperfallen sein.

Klarheit ermöglicht Dir aber auch, neue Wege zu gehen. Dazu gilt es, eine Schwelle zu überschreiten. Sie trennt die Welt Deiner Gewohnheiten, Absicherungen

DIE «HELDENREISE» DURCH DIE 7 SCHLÜSSEL

und Komfortzonen von der Welt des Neuen, Interessanten und Unbekannten. In dieser Nacht- und Schattenwelt schlummern nämlich Deine unbewussten Ressourcen und Fähigkeiten.

Auf diesem Weg brauchst Du **Liebe** und **Vertrauen**, die nächsten beiden Schlüssel. Sie helfen Dir, Dich bis ins Zentrum der Nachtwelt, des Ungewissen, vorzuwagen. Hier erwartet Dich am Scheitelpunkt Deiner Reise die größte Herausforderung und Prüfung, hier triffst Du Deine größten «Dämonen». Es ist die Angst, sich am tiefsten Punkt der Wandlung, in der größten Entfernung vom Ausgangspunkt, mitten im Schattenbereich, entscheiden zu müssen:

Gebe ich auf, gehe ich den Weg möglichst schnell wieder zurück – oder durchschreite ich das Tal und blicke nach vorn!?

Hier brauchst Du **Mut**, um die Angst vor der eigenen Courage zu überwinden. Hier überkommt Dich der größte Zweifel an Dir und Deinen Fähigkeiten, am Sinn Deines Vorhabens, an der Richtigkeit Deines Zieles und Deines Weges dorthin. Hier brauchst Du Ermutigung, auch vom Mutmacher in Dir selbst.

Bei aller Liebe und allem Vertrauen: Vor dem **Mut** musst Du zuerst Deine eigenen Zweifel wertschätzen lernen. Der Zweifel hängt am **Mut**, wie der Kiel am Schiff. Und der erzeugt ja bekanntlich die Führung ...
So kannst Du Dich entscheiden, wie Du Dich zum Wind verhältst, welche Fahrtrichtung Du aufnimmst.
Erst der **Mut** zur Eigenverantwortung ist der Weg zur persönlichen Freiheit, zu Deiner eigenen Lebensqualität und Lebensfreude.

HABEN SIE DEN MUT, SICH INS LEBEN ZU STÜRZEN,
RISIKEN EINZUGEHEN, RÜCKSCHLÄGE EINZUSTECKEN,
IN DEM WISSEN, DASS SIE DEM SPIEL DER GEGENSÄTZE
AUSGESETZT SEIN WERDEN –
ALSO ERFOLG UND SCHEITERN,
GLÜCK UND UNGLÜCK,
LOB UND TADEL...

ARNOD DESJARDINS

zur CD 1

4

SCHLÜSSEL 4: DER MUT

WEGWEISER IN DIE FREIHEIT

Es gibt Menschen, die die ganze Zeitung von vorn nach hinten und von hinten nach vorn lesen, jeden Bericht, jede Todesanzeige, jedes Sportergebnis. Warum? Sie können es nicht aushalten, weniger als hundert Prozent informiert zu sein. Es steigt die Angst, nicht mitreden zu können, den Überblick zu verlieren, nicht perfekt für die Welt zu sein.

Es gibt Menschen, die immer und zu jeder Zeit wissen müssen, wo sich ihr Partner gerade aufhält. Menschen, die jede Fernseh-Soap sehen müssen aus Angst, den Anschluss zu verpassen. Menschen, die dreimal nachschauen, ob der Brief auch im Kasten gelandet ist. Und fünfmal, ob der Herd, das Bügeleisen, der Computer auch wirklich ausgeschaltet sind.

Allen ist eines gemein: Sie versuchen, ihr Leben unter Kontrolle zu halten.

Diese Zwangsstrukturen sind Angststrukturen, die nur scheinbar befreien und nur vorgeblich Sicherheit bieten. In Wirklichkeit sind sie die Hintertüre der Angst.

Stell Dir die Angst wie einen großen Raum vor:

Vorn gibt es eine Flügeltüre, die Du weit öffnen kannst, um an die frische Luft, die weite Sicht, die Freiheit zu gelangen. An der hinteren Seite des Zimmers, gegenüber der weiten Flügeltüre, gibt es eine schmale, enge Türe, die in eine Art Abstellkammer führt: fensterlos, muffig, dunkel, stickig, eng. Hinter dieser Türe bist Du mit Dir allein. Eingeengt, isoliert, erstarrt. Dies ist er, der Bereich Deiner absoluten Sicherheit, diese Kammer hast Du vollständig unter Kontrolle. Wenn Du Dich hierhin zurückziehst, kann Dir die Außenwelt nichts mehr anhaben. Glaubst Du.

Für diesen kontrollierten Raum nimmst Du vieles in Kauf: Stagnation, Ziellosigkeit, Erstarrung und Verhärtung, Leben wie unter einer «Käseglocke», Depressionen. Rückenprobleme, Bandscheibenvorfälle: Verknöcherung an Körper, Geist und Seele.

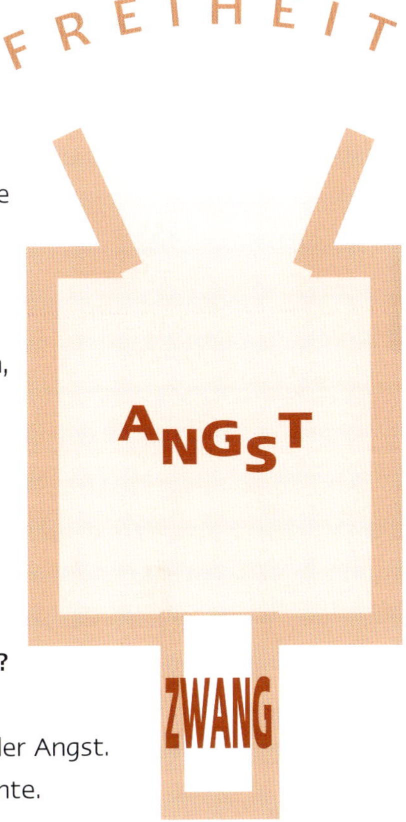

Warum tun sich Menschen das an?

Weil sie Angst haben. Angst vor der Angst. Angst vor dem, was aufbrechen könnte. Was aus ihnen herausbrechen könnte.

Welche Unwägbarkeiten auf sie zukommen könnten, Unsicherheiten, die sie in Kauf nehmen müssten. Was sie alles auf sich nehmen müssten, um sich einfach dem Leben zu stellen.

EIN SCHIFF, DAS IM HAFEN LIEGT, IST SICHER.
ABER DAFÜR SIND SCHIFFE NICHT GEBAUT.

WILLIAM SHED

Wer frei sein will, muss durch die Angst hindurch.

Du kommst nicht aus dem Zwang, aus der Kontrolle, aus der absoluten (leblosen, geradezu tödlichen) Sicherheit heraus, ohne Dich der Angst zu stellen. Du kannst sie nicht überspringen. Kannst sie nicht zur Seite drängen, um in die Freiheit zu gehen.

Wenn Du verhärtet bist, weil Du Dich für die permanente Kontrolle entschieden hast, wirst Du Dich wieder spüren müssen, wenn Du durch die Angst gehst: Du spürst Deinen ganzen Körper. Zitterst vielleicht. Gerätst möglicherweise in Panik und wirst hypernervös auf dem Weg durch die Angst. In Deinem ganzen Körper spürst Du, wie sich die Angst anfühlt…

Und jetzt spüre sie. Lasse sie zu. Nimm sie an. Sie ist Dein Wegweiser in die Freiheit. Sie ist Dein Aufbruch in eine neue Lebensqualität. Diese Angst ist das Beste, was Du Dir jetzt wünschen kannst. Sie zeigt Dir: **Du lebst!** Du bist nicht abgestorben. Du bist nicht unter all Deinen Regeln, Deinem Kästchendenken, Deinen Zwängen erstickt. Sei glücklich darüber!

Jetzt ist der **Mut** gefragt. Jetzt, in diesem Hin- und Hergerissensein, vor die Frage gestellt: «Soll ich wieder zurück in die Abstellkammer meines Lebens – oder traue ich mir zu, nach vorn zu gehen?» Stehe zu Dir! Sei offen und suche vielleicht zum ersten Mal in Deinem Leben diese wunderbare Herausforderung.

Du solltest nur das begreifen: **Die Angst ist das Tor zur Freiheit!** Wenn Du durch die Angst gegangen bist, dann fühlst Du Freiheit.

Im Raum der Kontrolle gibst Du Dich selbst auf. Wenn Du aber den Raum der Angst durchschreitest, öffnest Du das Tor zu einem freien und reichen Leben.

WIR SIND GEWOHNT ZU DENKEN,
DASS DIE MENSCHEN, DIE MUTIG SIND,
SICH VOR NICHTS FÜRCHTEN.
ABER IN WIRKLICHKEIT SIND SIE
MIT DER FURCHT SEHR VERTRAUT.

PEMA CHÖDRÖN

MUT BRAUCHT ZWEIFEL

Erinnerst Du Dich an den Film «Der Club der toten Dichter», in dem eine Szene am Ende viele Zuschauer berührte? Der engagierte und beliebte Englischlehrer, gespielt von Robin Williams, wird geschasst – Sieger und Verlierer zugleich durch die Umstände der Story. Da steht der ehemals Schüchternste aller Schüler auf und klettert, inmitten seiner Kameraden, auf seinen Schreibtisch ... viele andere tun es ihm nach.

Diese Geste bedeutete soviel wie: Ich lasse mich nicht länger unterdrücken, auch wenn ich gerade Kopf und Kragen riskiere! Ich stehe für meine inneren Überzeugungen ein ...!

Es war der Mut zu diesem Schritt, der den ängstlichen Schüler im Film zum Helden machte.

Wie häufig hast Du gezweifelt, ob das, was Du tust, akzeptiert wird? Ob sich Dein Handeln wirklich lohnt? Mut setzt den Zweifel voraus. Wer nicht zweifelt, kann übermütig werden. Mut kennt auch die Frage nach dem: «Soll ich wirklich? Was gebe ich auf? Was lasse ich los, was riskiere ich ...?»

Gerade, wenn Du Dein Leben für eine Niederlage hältst, wächst der Mut zur Veränderung. Zweifel und

Verzagtheit sind der Kiel, der Dein Schiff dem Mut entgegentreibt. Sie setzen den Wandel frei!

Es gibt viele Möglichkeiten, den Mut zu erproben, zu trainieren:

In der Ausbildung zum Psychotherapeuten habe ich einige davon selbst erfahren dürfen, wenn ich mich schwierigen und zweifelhaften Situationen aussetzen musste. Wir sollten Aufgaben in die Tat umsetzen … «Stelle Dich vor die Eingangstür eines großen Warenhauses und trage laut ein erotisches Gedicht von Peter Handke vor …»

Grübeln. Was denken die Leute, wenn Du das tust? Wirst Du ausgelacht? Abgeführt gar? Ein Kollege rezitierte das mit pikanten Stellen gespickte Gedicht. Was geschah? Einige schüttelten den Kopf, viele hörten gar nicht hin, andere blieben stehen und klatschten Beifall …

Mutprobe bestanden. Nichts ist passiert, die Grübeleien im Vorfeld waren sinn- und zwecklos.

Was soll eine solche Übung bewirken?

Sie trainiert den Mut, also die Überwindung von Zweifeln. Sie zeigt Dir, dass Deine Gedanken, Deine Hirngespinste und Phantasien unnötig waren, niemand hält Dich für verrückt – Du hast Dich nur selbst verrückt gemacht.

Wenn Du diese Übungen nicht zu ernst nimmst, sondern mit spielerischer Freude angehst, dann stärken sie Dein Selbstvertrauen ungemein.

Sollte Dir aber etwas misslingen, dann hast Du die Chance zu lernen: Deine Bäume wachsen – wie die der anderen – nicht in den Himmel. Auch das ist ein Beitrag zu Deinem Wachsen und Reifen.

MUT WÄCHST MIT DEM BEGINNEN

Vor einiger Zeit kam ein 39-jähriger Arbeiter zu mir in die Therapie. Auf seiner Arbeitsstelle fühlte er sich permanent abgewertet, nicht ernst genommen: Wenn er für seine Kollegen Bier heranschleppen solle, könne er nicht «Nein» sagen. Auch zuhause stünde er unter der Fuchtel seiner Frau – und überhaupt, alle Menschen machten mit ihm, was **sie** wollten.

Ich bestätigte ihm, dass er ein sehr armer Kerl sei. Das wollte er auch hören.

Wichtig für ihn war offensichtlich, an seinem mangelnden Mut zu arbeiten. Er nahm sich vor, den Satz «Ich habe Mut!» per «Huckepack-Verfahren» zu lernen. Das bedeutet: Wenn Du einen Gedanken, eine Einstellung, die noch nicht in Fleisch und Blut übergegangen ist, im Unterbewusstsein verankern willst, dann knüpfe sie an eine Tätigkeit, die Du Tag für Tag ohne nachzudenken praktizierst.

Dieser Patient trug zusätzlich zu seinem Job jeden Morgen Zeitungen aus. Vor jedem Einwurf sagte er jetzt zu sich selbst «Ich habe Mut!». 300 mal am Tag.

Vier Tage später stand er in der Tür: «Dieser Satz sitzt. Den nächsten bitte ...» So verankerte er in einem Monat vier Sätze. Und war wie ausgewechselt: Den Kollegen sagte er die Meinung, seiner Frau gab er selbstsicher, aber liebevoll Widerworte – und ein halbes Jahr später fuhr er für mehrere Monate auf Montage nach Südafrika. Ein Wunsch, den er sich bis dahin nie erfüllen mochte ...

ICH HABE MUT

Mut wächst mit dem Beginnen.

Ein schönes Beispiel dafür, dass es keine Altersgrenze gibt, mehr Mut im Leben zu entwickeln, zeigt folgende Geschichte:

Eine 75-jährige Frau, teilweise gelähmt und auf eine Gehhilfe angewiesen, war Teilnehmerin an meiner experimentellen Untersuchung zur «Sozialen Kompetenz im Alter». Zur Verbesserung der inneren Selbstgespräche und zum Aufbau von Mut und Selbstvertrauen hatte sie den Satz **«Ich schaff es schon!»** durch verschiedene Methoden im Unterbewusstsein verankert.

Ein halbes Jahr nach Ende des Kurses sah ich sie wieder. Ich fragte sie: «Was macht Ihr Satz: Ich schaff es schon!?» Darauf antwortete sie: «Der heißt nicht mehr ‹Ich schaff es schon!› Der heißt nur noch ‹**Schaffscho!**›»

«Was heißt denn ‹**Schaffscho**›?»

«Also,» lächelte sie, «es war ein schöner Sommertag. Ich bin spazieren gegangen und habe mich an der Natur und an der Sonne erfreut. Auf einmal stellte ich fest: Du bist ja so weit weg von zu Hause wie seit Jahren nicht mehr. Da bekam ich einen Schreck. Aber aus meinem Inneren kam der Satz: ‹Ich schaff es schon.› Diesen Satz hatte ich ja gelernt! Und im Nu hatte ich keine Angst mehr. Ja, und dann habe ich mir vorgestellt: Du bist eine alte Dampflokomotive! Aber die hat ja Kraft, die kann ja ziehen ... und dann bin ich einfach ‹angefahren› – so, wie die Dampflok immer schneller fährt: ‹Ich schaff es schon, ich schaff es schon, ichschaffesschon, ichschaffschon, schaffscho, schaffscho, schaffscho ...› Was soll ich Ihnen sagen – mir ist noch nie ein Weg so leicht gefallen wie dieser.»

SCHAFF-SCHO !

Das «**Schaffscho**» war also die Verkürzung des Ausgangssatzes, bei dem die ältere Dame die Bewegung der Pleuelstangen, die die Räder der Dampflok verbinden, immer schneller nachahmte.

Ein halbes Jahr später traf ich sie zum letzten Mal. «Na, was macht denn ‹**Schaffscho**›?»

«Brauch ich nicht mehr,» antwortete sie verschmitzt, «ich mach jetzt nur noch ... so!» Und dabei stieß sie ihre beiden Fäuste kurz nach vorn. Das war die verkürzte Bewegung der Pleuelstangen. Die ältere Dame hatte ihren Anker immer weiter reduziert auf eine kurze Armbewegung hin.

«Wissen Sie was, Herr Rupp, Sie können es mir glauben oder nicht ... wenn ich so mache, also kurz beide Fäuste nach vorne stoße, bin ich topfit!»

Ich finde es einfach toll, wenn Menschen es sich selbst wert sind, immer weiter und weiter an sich zu arbeiten, neue Dinge zu erfahren, und ihren Mut und Glauben an sich selbst immer wieder aufs Neue zu erproben.

Diese experimentelle Untersuchung zum Thema «Soziale Kompetenz im Alter» mit über hundert allein lebenden Frauen über 60 Jahren zeigte, dass auch ältere Menschen erstaunlich viel Selbsthilfepotenzial aktivieren können. Mehr Mut und gesteigertes Selbstvertrauen führten zu eindeutigen Verbesserungen. Sie litten weniger an Depressionen, knüpften leichter Kontakte, lernten «nein» zu sagen und konnten sich im Alltag besser durchsetzen.

DU SOLLST DICH NIE VOR EINEM LEBENDEN MENSCHEN BÜCKEN.

Wer traut sich zuerst?

Bildmeditation zum Mut

Wie denkst Du über Herausforderungen?
Wie fühlt sich Mut für Dich an?

Stell Dir vor: Die **Hängebrücke** ist Dein Weg.
Würdest Du Dich über das Wasser trauen?

Was lässt Dich zweifeln? Was hält Dich zurück?
Was ermutigt Dich? Was treibt Dich voran?

Was fühlst Du vor dem ersten Schritt?
Was auf der Mitte der Brücke?
Was denkst Du während des Gehens?

- Trägt sie mich? Gibt sie mir Halt?
- Wie groß ist das Risiko? Wie tief kann ich fallen?
- Was erwartet mich auf der anderen Seite?

Hat das Bild mit Deinem Leben zu tun?
Kommt es Dir vertraut vor? Oder fremd?
Soll Dein Leben aufregender werden? Oder sicherer?

Was gibst Du auf? Was kannst Du gewinnen?
Lohnt es sich für Dich?

WAS ZÄHLT, IST NICHT,
WIE UNGEHEUER DIE AUFGABE,
SONDERN WIE GROß
UNSER MUT IST.

MATTHIEU RICARD

WAHRE HELDEN

In alten Sagen, im Heldenepos, ist derjenige der Mutige, der in sich seine Zweifel besiegt und handelt. Der Held wagt sich in Situationen hinein, in denen es keine Sicherheiten gibt, die noch niemand vor ihm ausprobiert hat. So war es mit Odysseus, so war es mit Kolumbus. So war es auch mit Muhammad Ali bei einem seiner letzten Kämpfe, von dem ihm jeder abgeraten hatte, weil er angeblich zu alt für einen Siegertypen war. Er musste gewaltig einstecken – aber mit dem letzten Schlag schickte er seinen jüngeren Gegner entscheidend zu Boden. Das nennt man «Kämpferherz».

Der Held ist der vom Bösewicht, das heißt, seinem Gegenspieler der Schattenwelt, in die Enge Getriebene. Man ahnt: Jetzt – oder nie. So in der Enge, so mit dem Rücken zur Wand ... da muss der Held handeln. Jetzt muss er etwas machen, von dem er meist nicht weiß, ob es für ihn gut ausgeht. Es ist der «Showdown» im Erfolgskino. Oft geht es noch nicht einmal darum, in dieser Situation das Richtige zu tun, sondern darum, überhaupt etwas zu tun. Aber nur an einem gleichwertigen Gegner kann sich der Held beweisen.

Oftmals ist der größte Gegner – man selbst. Der größte Sieg ist deshalb oft der Sieg über die eigene Person, die eigenen Zweifel, die eigene Bequemlichkeit, die eigene Komfortzone.

Wer nichts tut, macht keine Fehler ... Ist es so? Gehören nicht die kleinen Verrücktheiten zum Leben? Geht es nicht darum, das Leben immer wieder neu zu erobern, sich Herausforderungen zu stellen? Und je größer das Hindernis, umso größer der Sieg, der Gewinn für uns?! Keiner von uns muss als Held ins Guiness-Buch der Rekorde eingehen. Aber die Maßstäbe zu ver - rücken und aus dem Bauch heraus handeln ... das zeichnet den Mut als Vorboten der Lebensfreude aus.

*«**Wir** bestehen aus purer **Energie!**»*

Rainer Schüttler Silbermedaillen Gewinner im Tennis-Doppel bei den olympischen Spielen 2004 in Athen.

*«Das ist schön, wenn man das **Gefühl hat**, dass man **Eigenverantwortung** aufbauen kann. Das stärkt auch das ... **Selbstbewusstsein**!»*

WENN DU EINEN HELDEN TRIFFST,
SCHAU GENAU HIN ...
DU HAST DICH SELBST
NUR KLEIN GEMACHT.

WENN DU EINEN HELDEN TRIFFST,
SCHAU GENAU HIN ...
DU HAST DICH SELBST
NUR KLEIN GEMACHT.

VER - RÜCKT

Was heißt das eigentlich: «Außer Rand und Band?» Jeder hat schon einmal Aussagen von Menschen gehört, die – wie vom Blitz getroffen – aus Freude, aus Überraschung oder aus Betroffenheit ausrufen:

«Ich bin völlig aus dem Häuschen!»

«Ich bin fassungslos!»

Man muss sich diese Worte einmal durch Geist und Seele gehen lassen:

«Jetzt bin ich aus dem Häuschen!» heißt doch: Ich bin aus dem Rahmen des Üblichen gefallen, habe meinen Halt verloren, mein Koordinatensystem stimmt nicht mehr ... ist im wahrsten Sinne des Wortes «ver - rückt». Alles, was mich bisher gehalten hat, meine Maßstäbe, Normen, mein gesunder Menschenverstand, meine Sichtweise der Welt, ist ver - rückt, zur Seite gerückt, nicht mehr an dem Platz, an dem es immer war. Ebenso ...

«Ich bin fassungslos!» heißt soviel wie: Ich habe meine Fassung verloren, die Birne ist nicht mehr in der Verschraubung, sie hängt freischwebend im Raume, alles, was mir bisher Stabilität gab, ist weg. Der Boden unter den Füßen fehlt.

Kann ich nicht glauben!

Die **Shaolin-Mönche** aus China sind zu außergewöhnlichen Leistungen fähig. Ich selbst war Zeuge, wie sich ein junger Mönch in einem kleinen Kreis von Seminarteilnehmern eine Eisenstange auf dem Kopf zerschlug. Nicht einfach so, sondern nach einer intensiven meditativen Vorbereitung, einem Atmen in die vier Himmelsrichtungen, einer Konzentration aller Energien auf den Mittelpunkt der Stirne.

Wir hatten die Eisenstange geprüft. Kein Riss, kein Schnitt, keine Sägespuren waren festzustellen – es war eine schöne, rechteckige, schwere Eisenstange. Als der Shaolin-Mönch zuschlug, platzte nicht der Schädel, sondern die Eisenstange – und zwar keineswegs an der Sollbruchstelle, nein, die Stange zersprang siebenfach.

Als ich die Enden berührte, waren sie warm bis heiß.
So kann Energie wirken. Mein Bekannter, ein naturwissenschaftlich ausgerichteter Mediziner, sprach nach meiner Schilderung der Vorgänge: «Das passt nicht in mein Denken. Das kann ich nicht glauben!»

Wenn Du Dein Denken erweiterst, wird das Leben spannend. Vier Dimensionen sind uns vertraut. Der englische Physiker und Kosmologe **Stephen W. Hawking** forscht an der zehnten Dimension. Wahrscheinlich gibt es noch viel mehr.

Ist es nicht toll, wie viel es zu entdecken gibt?!

WENN WIR DAS WAHRE GLÜCK FINDEN WOLLEN, VERLANGT DAS VON UNS, DASS WIR GLEICHZEITIG UNSERE SICHT DER WELT UND UNSERE ART ZU DENKEN TRANSFORMIEREN.

DER XIV. DALAI LAMA

Aus dem Häuschen sein, aus dem Rahmen fallen, aus der Reihe tanzen, völlig losgelöst sein... sind ausgesprochen nützliche Begriffe, für die ich der deutschen Sprache sehr dankbar bin. Da haben kluge Köpfe passende Worte für ein Lebensgefühl gefunden, aber: Dürfen wir «außer Rand und Band» sein? Dürfen wir «aus dem Rahmen fallen»? Wir dürfen es nicht nur, wir sollten es! Wer immer im selben Rahmen bleibt, verwickelt sich. Wer sich auf eine Sache versteift, versteift an Körper, Geist und Seele.

Stell Dir das Leben vor wie einen **Weg mit Leitplanken**: Wer aus Angst, vom Weg abzukommen, immer in der Mitte bleibt, der kann sich selbst nicht erfahren. Wer mit Scheuklappen durchs Leben geht, bleibt eng und starr und furchtsam. Er bleibt im wahrsten Sinne des Wortes «mittel - mäßig». Die Mitte muss sich der Mensch erarbeiten. Dabei sollte er schon mal vom Weg abkommen, um nicht auf der Strecke zu bleiben.

Fassungslos

Ich habe erlebt, wie gestandene Mediziner und Psychologen auf einem Kongress für humanistische Medizin aus der Fassung gerieten.

Der Grund war ein Vortrag des amerikanischen Hypnotherapeuten Steve Lankton. Dieser Mann verwirrte nicht nur, er «verwickelte» die Zuhörer, «drehte» sie ein in ein Gespinst aus scheinbar ausufernden zusammenhanglosen Textpassagen – so sehr, dass einige Teilnehmer gestikulierend zur Bühne liefen und ihn inbrünstig baten, sofort aufzuhören. Es war genial!

Nur war für viele nicht auszuhalten, dass der Vortrag nicht mit dem logischen Verstand zu begreifen war, nichts intellektuell «Fassbares» bot. Der Sinn ergab sich aber für den, der seine Sichtweise «ver - rückte».

Lankton zeigte in herzerfrischender Weise, dass man schon mal aus dem Rahmen seines normalen Denkens fallen muss, um bestimmte Dinge intuitiv verstehen zu können.

Wo sonst sollen Erfindungen, Innovationen oder außergewöhnlich kreative Leistungen auch ihren Ur-Sprung haben?

Wer keine Angst vor den Grenzen, vor den Leitplanken, vor den bisherigen Rändern seines Lebens hat ... wer schon mal (legal!) über Grenzen geht... wer Neuland betritt ... der lebt intensiver. Nur wer Ungewohntes wagt, ent - wickelt sich.

Wer neugierig auf die Polaritäten seines Lebens ist, sie erfährt und integriert, der kann in und aus seiner Mitte leben. Der genießt und akzeptiert jeden Zentimeter seines Lebensweges. Zur einen und zur anderen Seite, im Rückspiegel und nach vorn. Der ist offen für Wandlungen. Auf dem Wege eines gelungenen und reichen Lebens.

DU KANNST DIE WELLEN NICHT ANHALTEN, ABER DU KANNST LERNEN ZU SURFEN.

JOSEPH GOLDSTEIN

WARUM MÄNNER AM LIEBSTEN ADLER SEIN WOLLEN!

Es gibt einen tiefenpsychologischen **Test**, in dem der Proband gefragt wird: «Wenn Du Dich für eine bestimmte Zeit – immer mit der Möglichkeit der Rückverwandlung – in ein Tier verwandeln könntest: **Welches Tier wärest Du gern?**» Man geht in der tiefenpsychologischen Theorie davon aus, dass jeder seine innersten Wünsche in das gewählte Tier hineinprojiziert.

Wohl nicht zufällig antwortet die Mehrheit aller Männer: «Ein Vogel!»

Aber eben nicht Spatz, nicht Amsel,
Drossel, Fink und Star,
sondern vorrangig:
«Ein **Adler**!»

Majestätisch, unangreifbar, frei. Anscheinend ist der Vogel mit dem Adlerauge, der mit weiten Schwingen kreisend nie den Überblick verliert, das Wappentier, dieses starke Symbol, die Verkörperung archaischer, männlicher Sehnsüchte. Der Adler ist zum Helden geboren. Männer wollen Überflieger sein ...

An zweiter Stelle stehen beim männlichen Geschlecht **Löwe**, Gepard, Tiger, Puma oder Panther hoch im Kurs. Männer wollen mächtig, schnell und (mit)reißend sein.

Beide Tiere, sowohl Adler als auch Löwe, repräsentieren den Helden. Aber dieser Archetyp macht für einen Mann in der zweiten Lebenshälfte nicht mehr ausschließlich Sinn.

Du kannst mit 50 Jahren Deinen Bauch am Strand einziehen, um einer 20-jährigen jungen Frau zu imponieren – Du wirst wenig Eindruck hinterlassen. Natürlich fühlst Du Dich innerlich noch jung, noch als Held ... «gefühltes Alter» knapp unter 35. Es hilft nichts: Für die 20-jährige macht es eher den Eindruck von: Jetzt kommen die Alten schon zum Sterben in die Disco!

Ich will Dir den Helden nicht ausreden. Aber Du musst den Helden jetzt ergänzen durch den **weisen Lehrer**. Du kannst für Dich, Deinen Partner, Deine Kinder und Deine Freunde, für die Menschen, denen Du mit Freude begegnest, ein «Held» bleiben. Aber – mache Dich nicht ärmer als Du bist. Reduziere Dich nicht auf den Helden.

Mit Würde zu altern, den Notwendigkeiten des Lebens ins Auge zu sehen, den Reifeprozess dankbar anzunehmen – das macht Dich wirklich zum Helden.

In der zweiten Lebenshälfte bist Du aufgerufen, Deine Lebenserfahrung, die ersten Ansätze von Weisheit und Einsicht in die tieferen Zusammenhänge des Lebens, Deinen Kindern und allen jungen Menschen weiterzugeben. «Das wollen die doch gar nicht hören!» Meinst Du? Es geht auch nicht um Belehrungen. Freut es Dich nicht auch, wenn sich junge Menschen vital und ungestüm ihren eigenen Lebensweg bahnen? Wenn ich an früher denke ... diese Aufbruchstimmung ... 68 ... Easy Rider, Sergeant Pepper, Rudi Dutschke, die Hippies, «Unter den Talaren – Muff von tausend Jahren», Woodstock, die ersten Asterix-Hefte, Notstandsgesetze, The House of the Rising Sun ... Was haben wir Hermann Hesse gelesen und Carlos Castaneda! Der Steppenwolf war mir tausendmal lieber als ein schnelles Studium. «Born to be wild» tausendmal lieber als Anzug und Krawatte.

Was ich von Carlos Castaneda und seinem Titelhelden Don Juan besonders im Gedächtnis behalten habe, ist die Geschichte vom besten Freund. Die Indianer sagen: Tu so, als würdest Du immer einen guten Freund an Deiner Seite haben. Diesen Freund kannst Du immer fragen, wenn Du an Weggabelungen Deines Lebens stehst und nicht weißt, wie Du Dich entscheiden sollst. Nutze diesen imaginären Freund als Deinen Ratgeber. Dieser Freund ist der **Tod**.

Jetzt kannst Du ihn fragen: «Hallo, mein Freund, wie würdest Du Dich in dieser Situation entscheiden, wenn Du an meiner Stelle wärst?»

Jedes Mal antwortet der Tod mit einer Gegenfrage: «Wie würdest **Du** entscheiden, wenn ich Dir sagen würde, Du hättest noch ein halbes Jahr zu leben?» Mit dieser begrenzenden Vorstellung wird es Dir leichter fallen, auf das zu verzichten, was Du eigentlich nicht aus tiefem Herzen willst, und das zu wählen, was Dir wirklich wichtig ist.

Den Tod als Begrenzung Deines Lebens anzunehmen, ja, ihn als Freund zu behandeln, dankbar zu sein, dass er Dir als Ratgeber zur Verfügung steht, das setzt ein Stück Weisheit in jedem Menschen frei, ein Zurückziehen auf einen Punkt, in dem Du – wie ein alter Meister – auf dem Felsen sitzen kannst, und im Einverständnis mit Dir und der Welt ... einfach sitzt und lächelst. Dem Tod ins Auge zu schauen, ihn als Ratgeber ständig präsent zu haben, setzt Mut voraus.

Aber stelle Dir das Gegenteil vor: Es gäbe den Tod nicht. Jedenfalls nicht so, wie wir ihn kennen. Alle Zellen Deines Körpers würden sich permanent regenerieren, es gäbe keinen weiteren Alterungsprozess, der ewige Jungbrunnen wäre erfunden.

Stell Dir vor, Du könntest – wenn Dir nichts Widerwärtiges passiert – ewig leben. Kannst Du ermessen, wie viel Angst Du dann hast, **nicht** ewig leben zu können, weil Dir ja etwas zustoßen könnte?

Kannst Du ermessen, wie viel Angst auf dieser Welt herrschen würde, weil jeder in Panik käme, sein **ewiges Leben** zu verlieren? Würdest Du Dich noch aus dem Haus trauen? Würdest Du noch ein Flugzeug besteigen? Würdest Du noch Zivilcourage wagen?

Sei erleichtert, dass es den Tod gibt.

Schaue ihm aber mutig ins Auge. Integriere ihn in Dein Leben. Er ist ein Teil davon. Nur der, der uneingeschränkt seine Vergangenheit akzeptiert, der furchtlos ist vor dem, was kommt, kann voller Vertrauen und Zuversicht, mit absoluter Hingabe **JA** zum Leben sagen.

Nur wer den Tod annimmt und bejaht, kann vital, selbstbewusst und aufrecht leben. Nur wer sich den Tod zum Freund macht, wer diesen Mut besitzt, diese Offenheit, diese Stärke, ist wirklicher Held in seinem

Leben. Ich kann nur **JA** zum Leben sagen, wenn ich den Tod als gleichwertigen Partner annehme.

«Für immer jung» ist eine Illusion. Die Polaritäten sind wichtig. Die erste **und** die zweite Lebenshälfte. Das Gefühl, innerlich jung geblieben zu sein **und** die Ehrlichkeit Deinem Alter gegenüber. Der Held **und** der Weise. Der Mensch, der Held **und** Weiser ist, ist innerlich einerseits verwurzelt, hängt aber andererseits nicht am Alten. Trägt in sich die Sicherheit **und** öffnet sich dem Neuen.

Der wahre Mut im Leben ist nicht der Mut der Tollkühnheit, der Mut des Abenteurers, des Drachenkämpfers – es ist der Mut, Deine Gegensätze zu leben. Den Helden **und** den Lehrer in Dir zu lieben. Animus **und** Anima, Mann **und** Frau in Dir zu integrieren. Offen zu sein für das Leben **und** den Tod.

Auch der Mut ist beides: Der Mut ins Leben hinaus – **und** der Mut zum Blick nach innen.

Dieser tiefenpsychologische Test, in dem Du Dich in ein Tier verwandeln kannst, zeigt noch eins:
Der Adler ist Symbol für den Wunsch nach Freiheit. Wer sich frei fühlt, braucht kein Adler mehr zu sein.

Ich höre auf meine innere Stimme.

Ich gestalte mein Leben.
Ich entfalte meine Talente.
Ich setze mich ein mit aller Liebe und Kraft.

Ich habe Vertrauen in die Weisheit des Lebens.
Ich glaube an mich und meinen Wert als Person.
Ich akzeptiere das Alte – und bin offen für Neues.
Mut macht mich frei.

Ich bin überzeugt.

AUCH AUF DEM ERHABENDSTEN
THRON DER WELT
SITZEN WIR NUR
AUF UNSEREM EIGENEN
HINTERN.

MICHEL DE MONTAIGNE

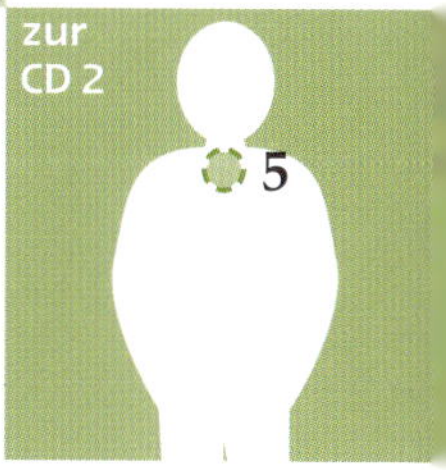

SCHLÜSSEL 5: DIE DANKBARKEIT (DEMUT/WEISHEIT)

MUT UND DEMUT

Nach dem Mut ist es wichtig, die Ich-Erfahrung in die Welt weiterzugeben:

Wenn der Mensch seine Angst überwunden und seinen Mut entdeckt hat, kann er seinen Mut weitergeben und dankbar sein.

Er kann sich mitteilen. Sein Wissen und seine Erkenntnis mit anderen teilen. Oder er kann abdriften ins «Ich bin der Größte», «Ich stehe über allem».
Das ist Hochmut.

«Hochmut kommt vor dem Fall» – und führt oft in die Depression. Denn der Fall, der Absturz, ist ja das Gefühl, im Nichts zu versinken.

Du kannst natürlich, wenn Du die Angst erst gar nicht überwindest – also nie Mut entwickelst und Dein Leben voller Angst und Sorge ist – ohne den Weg über den Hochmut in die Depression gelangen. Dann steht nicht der Hochmut zwischen Angst und Depression, sondern das «Minderwertigkeitsgefühl», das Gefühl, es nicht zu schaffen und ein Versager zu sein.

Demut heißt auch: «Annehmen dessen, was ist ...» Wenn der Mensch die Angst annimmt und sich mit ihr

DEMUT BESTEHT NICHT DARIN, DASS WIR UNS FÜR MINDERWERTIG HALTEN, SONDERN DARIN, DASS WIR VOM GEFÜHL UNSERER EIGENEN WICHTIGKEIT FREI SIND. DIES IST EIN ZUSTAND DER NATÜRLICHEN EINFACHHEIT, DER IM EINKLANG MIT UNSERER WAHREN NATUR IST UND UNS ERLAUBT, DIE FRISCHE DES GEGENWÄRTIGEN AUGENBLICKS ZU SCHMECKEN.

MATTHIEU RICARD

versöhnt, kann er über diese Versöhnung in die Freude gelangen.

Dankbarkeit heißt: sich einordnen in die Struktur des Lebens. Der Mutige, der hochmütig wird – oder der Angsthase, der sich ein anderes Etikett geben will, und ebenso abhebt – sie beide haben ihren Platz in Wahrheit nicht gefunden. Deshalb können sie nicht in die tiefe innere Freude gelangen. Sie bleiben innerlich hohl und unerfüllt – und wenn sie sich nach außen noch so stark zeigen.

Wer sich aber nicht einordnet, der bleibt in sich verwahrlost, ohne Struktur. Er lebt in der Traurigkeit, in der Lebenslüge und der Leere. Er bleibt auf der Seite der Dunkelheit und verfehlt den Weg ins Licht. Wie Don Quijote, der Ritter von der traurigen Gestalt, der in seiner Scheinwelt gegen Windmühlen ankämpft, weil er sie für böse Riesen hält.

Fallschutz

Wer nur den Mut lebt, die Demut aber nicht kennt, kann tief fallen. Denn Mut ist die Höhe, der Aufstieg zu den «Göttern» ... die Demut aber ist die Erde, die Dich auffängt im Falle des Scheiterns. Sie gibt Dir Bodenhaftung, wenn Du Dich für den Aufstieg bedanken willst. Wer aber nur den Mut kennt und nicht die Demut, steht mit beiden Beinen fest in den Wolken.
Der Absturz ist tief und hart ... Wer den Mut mit Demut paart, ist in sich geschützt. Er besitzt die «Fallschutzvorrichtung» in sich selbst.

DER FELS

Jawohl, das Leben ist manchmal unbarmherzig, bisweilen sogar rücksichtslos und grausam. Himmelhoch jauchzend – zu Tode betrübt. Gerade wähntest Du Dich noch oben – dann kommt der Absturz.
Wo bleibt die Beständigkeit? wirst Du fragen. Wo die Gerechtigkeit?

Das Leben ist ungerecht: Du läufst gegen Türen, an denen «Ziehen» steht. Du willst schnell noch die Schuhe zum Besohlen bringen – und entdeckst das Schild «Heute geschlossen». Du stehst zwei Stunden an der Vorkasse für das Eishockey-Endspiel, und dann heißt es «Ausverkauft!» Du bewirbst Dich – und kommst in die engere Wahl. Dann erfährst Du: «Wir haben uns die Entscheidung nicht leicht gemacht. Wir hätten auch Sie nehmen können ...»

Das Leben ist nicht gerecht. Es war nie gerecht.

Anzuerkennen, dass dieses Leben sich nie gerecht anfühlen wird, setzt ein hohes Maß an Demut voraus. Und die Bereitschaft, nicht alles in «richtig» oder «falsch» zu unterteilen, in «gut» und «böse» zu scheiden.

Auf den ersten Blick, auf den ersten Klang des Wortes, wirkt der Begriff «Demut» nicht gerade modern, eher hausbacken und verstaubt. Kein Wort zum Wohlfühlen. «Demut» hört sich zunächst einmal an wie: «unterwürfig», wie der «Diener», den man uns früher in unserer Erziehung noch beibrachte. «Demut» befindet sich – nach den Informationen, die ich in der Meditation erhalten habe – im tieferen Nackenbereich, ungefähr in Höhe des zweiten Brustwirbels. Das ist die Stelle, bei denen man den Tieren das Joch auflegt, jenes Geschirrteil, mit dem Rinder vor den Karren gespannt werden können. Also – hat das Ganze nicht

mit «unterjocht werden» zu tun? Das kann doch nicht im Sinne eines aufgeklärten und aufrechten Menschen sein! Von meinem Verstand her hätte ich das Thema «Demut» noch vor einigen Jahren tunlichst vermieden. Aber wie häufig wurde ich bei den Vorarbeiten zu diesem Projekt damit konfrontiert!

E

So stellte ich in der Meditation die Frage: Wie erreiche ich, dass der Leser ins Buch «hineingezogen» wird? Dass er die Seiten nicht sofort aus der Hand legt, weil sein Interesse erlahmt?

Ich empfing den Impuls: «Nutze den Freiraum Deiner Gedanken.» So fragte ich nach: «Was bedeutet das?» Und erhielt keine Antwort.

Fragte nach: «Ich höre keine Antwort. Bin ich nicht bei der Sache?» Und erhielt keine Antwort.

Fragte erneut nach: «Gehe ich zu logisch vor? Erwarte ich eine Antwort, wo es nichts zu erwarten gibt?» Ich erhielt keine Antwort.

Ich fragte nach: «Ich weiß nicht ... jetzt stehe ich da wie der Ochs vorm Berg. Ja, ich erwarte Texte für das gesamte Buch. Vielleicht ist das zu viel auf einmal.» Da erhielt ich die Antwort: «Das ist es. Dir fehlt die Demut, wenig zu erwarten und mit dem zufrieden zu sein, was Dir gegeben wird.»

Demut und Dankbarkeit sind eins. Aber erst, wer das versteht und verinnerlicht, öffnet das Tor zur Weisheit. Und der Begriff «Weisheit» versöhnt dann ja wieder mit den anfänglichen Vorbehalten. «Demut» heißt auch: Ich akzeptiere meinen Lebensweg – auch wenn ich gerade in einer sehr schwierigen Lebensphase angekommen bin.

Ich vergleiche den Lebensweg oft mit einem **Fluss**. Irgendwann hat man, an der Quelle des Daseins, das

Licht der Welt erblickt. Dann nimmt der Fluss des Lebens seinen Verlauf, mal quirlig, mal träge dahinströmend ... Mal scheint er nicht vom Fleck zu kommen, dann tritt er über die Ufer, richtet Schäden an ...

Jeder Flusslauf hat seinen eigenen Charakter, jeder Mensch seine eigene Persönlichkeitsstruktur. Pubertät, Berufsaufbau, Familie, Sehnsüchte, Visionen, Erfolg, Midlife-Crisis, ausgebrannt ...

Plötzlich stellen sich Depressionen ein, so, als wäre ein riesiger **Felsbrocken** ins Flussbett gestürzt. Da liegt er nun, starr, unverrückbar ... und staut das Wasser. Du kommst nicht weiter, Dein Leben geht nicht weiter, Dein Fluss fließt nicht mehr ... Rätselraten, Stagnation, Angst ... Wie sehr Du Dich auch bemühst, diesen Brocken aus dem Flussbett zu entfernen – er liegt unverrückbar, es gibt kein Weiterkommen.
Wie sehr Du auch kämpfst, Dich auflehnst, es immer wieder versuchst ... der Kampf ist vergebens. Eines Tages sinkst Du ermattet zu Boden. Du kannst nicht mehr.

Depression

Fast jeder zweite Deutsche leidet irgendwann in seinem Leben an einer mehr oder weniger starken depressiven Verstimmung.

Es gibt verschiedene Arten von Depressionen, die hier aufzuzählen den Rahmen des Buches sprengen würden. Es gibt Stoffwechselstörungen, die zu Depressionen führen. Substanzverluste im Gehirn, die medikamentös behandelt werden müssen.

Oft wird aber verkannt, dass Depressionen auch «exogen», von außen, verursacht werden. Sie sind re - aktiv, also die Folgen äußerer Ereignisse.

In diesem Sinne ist Depression oftmals eine nach innen gerichtete Form der Aggression. Du lähmst Dich selbst, indem Du Deine Energien gegen Dich selbst richtest.

Depression und Aggression sind zwei Seiten einer Münze. Zwei Eckpunkte auf Deiner Energieskala. Setze Dich ein für Dich und Dein Leben. Und Du wirst merken: Die Depression hat keine Chance.

Manche sagen an diesem Punkt: «Erst muss ich wieder Kraft bekommen. Wenn ich keine Kraft habe, kann ich nichts tun.»
Das Gegenteil ist der Fall: Tu etwas! Fang mit den kleinsten Schritten an. Aber bewege Dich – dann kommen Kraft und Energie zurück.

Aber – nun kommt die Chance: Wenn Du den Druck nicht mehr aushältst, ermattet aufgibst ... dann kannst Du den Kampf beenden, Dich fallen lassen, Dich einfach in das Gefühl fallen lassen. Es ist, als lehntest Du Dich an den Felsblock an. Jetzt hast Du die Zeit, Dich zu fragen: **Was soll dieser Felsen? Warum ist er in meinen Lebensfluss gestürzt?** Vorsichtig lugst Du an diesem Felsen vorbei, schaust nach vorn ... und jetzt, in diesem Moment, stellst Du fest: Hinter diesem Felsen, unmittelbar danach, wärst Du in einem riesigen Wasserfall abwärts gestürzt. Du wärst an den Klippen zerschellt.

Im übertragenen Sinne: Vielleicht wäre der Absturz Dein Herzinfarkt gewesen. Vielleicht eine ernsthafte und irreparable Krankheit, noch schlimmer als diese Depression. Vielleicht wäre dort, am Fuße des Wasserfalls, alles zu spät gewesen ...

Der Felsbrocken, die Depression, hat Dich beschützt, hat Dich vor Schlimmerem bewahrt.

In diesem Moment spürst Du wieder die erste Energie, die Ursprungskraft, und fühlst Deine innere Wahrheit. Etwas in Dir, eine innere Stimme, Dein Bauchgefühl, Deine Intuition, vielleicht auch eine höhere Instanz, hat Dir geholfen, Dich selbst zu erkennen. Hat Dich darauf hingewiesen: Schau mal, da oben, an dieser Stelle, da hast Du den falschen Weg gewählt. So geht es für Dich nicht weiter. Dieser Zustand hier ist nicht im Sinne Deines Lebensflusses. Es gibt eine schönere Art zu leben. Eine erfolgreichere, eine sinnvollere.

Wenn Du den Felsbrocken, Deine Depression als Freund betrachtest, wenn Du dankbar bist für diesen Schutz, dann kannst Du kehrtmachen. An dem Punkt, an dem Du abgebogen bist, um diese Erfahrung zu machen, kannst Du die volle Fahrt auf Deinem Lebensfluss wieder aufnehmen.

Aber sei dankbar. Denn die Erfahrung, die Du gemacht hast – die kann Dir keiner mehr nehmen. Der Erfahrene hat viele Narben. Und ohne Umwege wirst Du kein reiches Leben führen können.

Anti-Aging?

Die griechische Sängerin und Schauspielerin **Melina Mercuri** – spätere Kulturministerin ihres Landes – erhielt eines Tages ein Angebot, auf Kosten einer Kosmetikfirma ihre Falten entfernen zu lassen. Überraschenderweise erteilte Frau Mercuri dem Unternehmen eine Absage: «Ich lasse mir doch nicht mein Leben aus dem Gesicht entfernen!»

Ein Berg ohne Tal ist eine Hochebene ... aber kein Berg

Es ist eine Binsenweisheit, dass das Leben in Zyklen verläuft, auch in den Polaritäten von Aufstieg und Abstieg, von oben und unten.

Reinhold Messner, österreichischer Extrem-Bergsteiger, wurde von Reinhold Beckmann gefragt: «Wie kann ich mir die Gipfel-Situation vorstellen? Ist dort oben Weite?» Daraufhin entgegnete Reinhold Messner: «Ganz im Gegenteil. Oben ist die Einsamkeit, die Leere ... Oben ist alles eng. Es fehlt der Sauerstoff, der Platz ist eng, die Zeit ist eng für den Abstieg ... Das Zurückkommen von oben ist wie eine Wiedergeburt!»

Wenn es den Abstieg nicht gäbe, lägen die Gipfel voller erfrorener Bergsteiger.

27 Jahre

Der spätere südafrikanische Präsident **Nelson Mandela** saß während der Apartheid über 27 Jahre im Gefängnis. Nach seiner Befreiung sprach ein Journalist zu ihm und sagte mitfühlend: «Sie haben 27 Jahre Ihres Lebens verloren.» «Nein, mein Freund», antwortete Nelson Mandela lächelnd, «ich habe mich 27 Jahre auf das Leben vorbereitet.»

BEWAHRE MICH VOR DEM PRIMITIVEN GLAUBEN, ES MÜSSTE IM LEBEN ALLES GLATT GEHEN. SCHENKE MIR DIE NÜCHTERNE ERKENNTNIS, DASS SCHWIERIGKEITEN, NIEDERLAGEN, MISSERFOLGE UND RÜCKSCHLÄGE EINE SELBSTVERSTÄNDLICHE ZUGABE ZUM LEBEN SIND, DURCH DIE WIR WACHSEN UND REIFEN.

ANTOINE DE SAINT-EXUPÉRY

Horseshoe Point in Arizona, USA

UMWEGE… SIND MEILENSTEINE

E

Umwege sind oft Meilensteine auf dem Weg der Erfahrung und Erkenntnis. Sind die Erfahrungen, die Du auf einem begradigten Flusslauf machen kannst, genauso vielfältig wie die Erfahrungen in den Windungen und Kehren eines natürlichen Flusses?
Der begradigte Fluss schwemmt Dich ohne Anecken, ohne Verwundungen, ohne Verweilen, ohne Innehalten an ein Ziel.
Bist Du dadurch reifer geworden?
Bist Du dadurch reicher geworden –
an Erfahrung, an Erkenntnis und Weisheit?
Wie geht es Dir am Ziel, wenn Du nicht eins bist mit allem, was Dich ausmacht, was Du bist?
Also, freue Dich über die Biegungen, die Kurven, die Tiefen und Strömungen Deines Lebensflusses und nimm sie dankbar an.
Du kannst sicher sein: Umwege sind keine Irrwege.
Was Du als Umweg betrachtest, ist notwendige Voraussetzung für Wachstum und Reife des ganzen Menschen…
Ist das nicht Dein Lächeln, Deine innige Freude,
*Dein «**JA**» und Deine Liebe zu allem, wert?*

SEI DANKBAR
FÜR DEN WANDEL,
FÜR JEDEN TAG
UND JEDE NACHT.

LEBENSREGEL

Das wichtigste Wort

Hundertmal am Tag kannst Du
das wichtigste Wort sagen.
Das absolute Geheimniswort:

Danke! DANKE

Dann bist Du aus Deinem Denken
heraus, dass Dein Leben nicht in
Ordnung ist.

FÜR WAS SOLL ICH DENN DANKBAR SEIN?

Eine komische Frage? Ist das ganze Thema «Dankbarkeit» nicht sehr schwammig? Wie stelle ich es denn überhaupt an, dankbar zu sein?

Gibt es einen Zugang zur Dankbarkeit? Was passiert eigentlich, wenn man «Danke» sagt?

Viele nehmen Dankbarkeit ja auch nicht an, antworten verlegen, wenn ich ein Lob ausspreche: «Das ist nicht der Rede wert! Das ist doch selbstverständlich.» Da sage ich einer guten Bekannten spontan: «Deine Bluse gefällt mir!» Und was höre ich: «Ach, die ist doch schon alt.»

*«**Ich** bin ein Typ, der unheimlich gerne gibt. In der Kur hieß ich ‹Mutter Teresa›.»*

Dankbarkeit macht aber nur Spaß, wenn sie auch angenommen wird. Komplimente annehmen, sich freuen über das «Danke», das Dir ein Mitmensch mit leichtem, begleitendem Kopfnicken ausdrückt ... das ist Geben und Nehmen.

«Danke» gleicht aus. Deshalb ist das Annehmen und Weitergeben von Dankbarkeit so wichtig.

Um dankbar sein zu können und Dankbarkeit auch annehmen zu können, brauchst Du zunächst eine ganze Portion Selbstliebe. Die Liebe zu Dir – und zu Deinem Nächsten – fördert Dein Vertrauen in Dich und in die Tragfähigkeit von Beziehungen. Dadurch wiederum förderst Du den Mut, Dankbarkeit zu zeigen und anzunehmen. Über diese «Schlüssel» also kannst Du Dankbarkeit entwickeln.

Tiefe Dankbarkeit reicht aber über das «Danke-Sagen» hinaus. Es ist die Dankbarkeit dem Leben gegenüber. Es ist eine tragende und tiefgründende Lebenshaltung. Wenn Du Dich ins Leben einordnest, in das Geflecht der Beziehungen zu Deinen Eltern, Freundinnen, Kollegen, dann sagst Du auch einer höheren Instanz, als Du es bist: Danke. Wenn Du das Leben als ein Geschenk betrachtest, bist Du dankbar.

Es gibt tausend Gründe, dankbar zu sein. Such Dir doch einfach einige davon aus.

*«**Ich sage**, gerade in der Gastronomie ... da läuft **nichts ohne Herz**.»*

ES GIBT IMMER EINE GUTE
UND EINE SCHLECHTE SEITE.
MANCHMAL LEHRT MICH
DIE SCHLECHTE SEITE DES LEBENS
MEHR WEISHEIT ALS DIE GUTE.

WEISHEIT DER SIOUX

DANKBARKEIT IST DEMUT, IST WEISHEIT

Nun habe ich vier meiner wichtigsten Persönlichkeitsschlüssel entwickelt:
Ich habe mir Klarheit verschafft.
Mich für die Liebe entschieden.
Vertrauen gefördert.
Und ich habe den Mut, mein Lebensziel zu erreichen.
Nun ordne ich mich ein.
Dankbarkeit (Demut, Weisheit) verhindert mein Abheben, meine Überheblichkeit.
Ich stehe nicht mit beiden Beinen in den Wolken.
Ich bleibe geerdet.
Ich kann mich verneigen.
Demut ist Ausdruck von Einverständnis in meine Begrenzung.
Demut ist innigste Dankbarkeit.
Demut ist leise.
Demut ist sanft.
Demut ist Eingebettetsein in die großen Zusammenhänge des Lebens.
Demut ist Stille.
Demut drückt aus: Ich weiß!
Demut ist Gewissheit: Ich darf sein.

Dafür bin ich
aus tiefster Seele
dankbar.

WENN ICH DER EXISTENZ GEGENÜBER DANKBARKEIT EMPFINDE, DANN NÄHERE ICH MICH DEM LICHT AN, DER TOTALITÄT, DER KOSMISCHEN ENERGIE, DER LIEBE. ICH ÜBERSCHREITE MEIN LEBEN UND ENTDECKE, DASS ICH AUSDRUCK EINER FORM DES UNIVERSELLEN LEBENS, DER GÖTTLICHEN ENERGIE BIN.

ARNOD DESJARDINS

... STILLE UND KLANG

E

Beginne, auf Details zu achten
– auch im Klang, in der Musik.

Höre den leisen Wind,
wie er das Schilf sanft berührt.

Spüre die Stille, den Einklang.

Genieße die Langsamkeit,
die Ruhe, die Erhabenheit des
Schweigens.

Stille lässt Raum zum Atmen.
Stille besänftigt und beflügelt zugleich.
Wer die Stille liebt, ist nahe am Ursprung.

Wer die Stille schätzt, gibt seiner Seele freien Raum.

Horche auf den Klang der Stille.
Stille hat Ausdruck, hat Gebärde.
Stille hat ein Gesicht.

Stille ist der Atem des Ewigen.
Stille ist der unhörbare Herzschlag allen Lebens.

Verbundenheit, die aus der Stille kommt,
ist Hohes Lied und Harmonie.

In der Stille ist alles enthalten.

Erfahre über die Gegensätze, den Kontrast.
Schweigen und Klang sind Einheit.

Darum ehre die Stille. Sie ist die schönste Musik.

**FREUE DICH,
JA, FREUE DICH –
EINFACH SO
UND JEDEN TAG!**

LEBENSREGEL

Sven Hannawald, Sieger der Vierschanzen-Tournee 2001/2002

Freude, die der Mensch erlebt hat, kann man ihm nicht mehr nehmen.

zur CD 2

6

SCHLÜSSEL 6: DIE FREUDE

DA GEHT MIR DAS HERZ AUF!

Dieses Buch, so dachte ich, muss mir Freude machen. Es muss mir beim Schreiben das Herz aufgehen. Wie oft sagst auch Du:
Da ist mir das Herz aufgegangen!?

«Viereinhalb Wochen mit dem Wohnmobil nach Athen zur Olympiade ... Das ist schon ***ein Highlight****! ... Zehnkampf und Hürdenlauf hab* ***ich selber*** *gemacht!.»*

*«****Ich*** *war gut drauf! Ich hab* ***mich*** *toll gefeiert!»*

Bär Baloo im «Dschungelbuch» Aufführung Vereinigte Städtische Bühnen Krefeld und Mönchengladbach, 1995

Wenn Du kleine Kinder spielen siehst, dann geht Dir das Herz auf.

Wenn Du die Sonne über dem Meer aufgehen siehst ... geht Dir das Herz auf.

Wenn Du Dich in den Armen Deines Partners geborgen fühlst, geht Dir das Herz auf.

Wenn Du das gütige Lächeln eines alten Menschen siehst, geht Dir das Herz auf.

Wenn Du das Ballgefühl eines begnadeten Fußballers im Stadion live erleben darfst, geht Dir das Herz auf.

Ich wünsche Dir ein Leben mit unzähligen «Da geht mir das Herz auf»-Gelegenheiten.

Lebensfreude

WIE KANN ICH WIEDER MEHR OFFENHEIT UND UNBESCHWERTHEIT IN MEIN LEBEN BRINGEN?

Antwort: *Indem Du Dich mehr freust.*
Dem Leben Freude entgegenbringst.
Den Mitmenschen offen begegnest.

Wer seine Furcht vor Ablehnung und Verletzung überwindet, kann sein ***ganzes*** *Ich leben.*

Auch die kindlichen Seiten. Auch das Staunen. Die Freude am Neuen.

Er kann der Welt mit Offenheit und Neugierde begegnen.

Dann wird das Leben auf einmal spannend und erfährt eine Tiefe, eine Vielfalt und Abwechslung.

Dann ist das Leben – von allen Seiten betrachtet – wirklich lebens - wert! Und liebens - wert!
Also ... schalte öfters mal Deinen kleingeistigen Verstand ab – und sieh mit dem Herzen, wie Kinder es tun.

Überwinde Deine engen und starren Grenzen, die Dein Verstand gezogen hat – und Du wirst offen und frei für ein neues Denken. Mehr aber noch für ein neues Schauen und Fühlen.

Staunen wird der Vielfalt des Lebens eher gerecht als der Versuch, die Welt durch Logik und Analyse zu erklären.

DIE WAHRE UND TIEFE FREUDE WÄCHST NUR IN DER LOSLÖSUNG VON DEINEN ERWARTUNGEN, IM FREIRAUM DEINER SEELE.

LEBENSREGEL

E

Die wahre Lebensfreude

Frage: *Man kann doch wohl nicht 24 Stunden am Tag offen, heiter und beschwingt sein!?*

Antwort: *Es geht um eine Grundeinstellung: Lebensfreude macht vieles leichter. Lebensfreude und eine dankbare Haltung dem Leben gegenüber. Alles geht leichter von der Hand, wenn Du ein Lächeln im Gesicht trägst.*

Frage: *Man kann doch nicht mit einem permanenten Lächeln durchs Leben gehen. Würde das nicht seltsam wirken?*

Antwort: *«Lächeln» heißt ja nicht, eine eingefrorene Mimik im Gesicht zu haben. «Lächeln» ist die heitere Ausstrahlung Deiner Seele. Die gütige Grundhaltung Deines Wesens. Die liebevolle Zustimmung Deines Herzens zu allen heiteren, aber auch zu allen schwierigen Phasen Deines Lebens.*

LACHE!
LACHEN IST ANGSTFREIHEIT.

Fußball-EM 2004: England-Fans mit Georgs-Kreuz

GIB DEINER FREUDE WURZELN!

Das klingt schön. Wer sehnt sich nicht nach der Leichtigkeit des Seins? Am Himmel zu schweben wie Ikarus, der Held aus der griechischen Sage ... natürlich ohne wie dieser abzustürzen.

Nur ... Das Schwebende, Leichte, ist auch flüchtig. Es kann sich auflösen, entschwinden, enteilen ... es entzieht sich der Beständigkeit.

Ein ganz unpoetisches Beispiel: Deine Lieblingsmannschaft schießt ein Tor. Traumhaft ... es steht 1:0. Die Freude ist riesig. Sofort läuft der Gegenangriff – es brennt im Strafraum ... und schon kippst Du aus dem Gefühl der Freude heraus.

Ziehung der Lottozahlen: Die ersten zwei hast Du richtig. Du freust Dich. Die nächsten vier hast Du verfehlt. Und schon ist es vorbei. Der Freudemoment, der vergeht, kommt von außen.

Der Freudemoment, der bleibt, kommt von innen. Das unterscheidet tiefe Freude von Spaß:
Tiefe Freude ist nicht vergänglich wie ein Feuerwerk, nicht zu Ende wie ein Konzert, nicht vorüber wie ein Strandurlaub.

Genieße den Spaß, solange er den Augenblick erfüllt. Genieße Dein Lachen über eine urkomische Situation.

Doch nur die tiefe Freude in Dir nährt sich von selbst. Darum: Dehne sie aus. Verlängere sie. Vergrößere sie. Vertiefe sie. Gib Dir Zeit und Raum für Deine tiefe innere Freude – und koste sie aus. Sie macht Dich unabhängig und frei. Deshalb:

Gib Deiner Freude Wurzeln!
Wenn Du Deiner Freude Wurzeln gibst,
kannst Du ihr Flügel geben.

Wer tief in sich verwurzelt ist, der kann sich auch zum Himmel strecken. Gib Deiner Freude Wurzeln, dann ist Dein Lachen keine Maskerade, kein Rollenspiel, sondern tief empfundenes Einverständnis mit dem Auf und Ab des Lebens.

Wer sich aus vollem Herzen freut, hat seinen Platz im Universum gefunden. Freude, die aus dem Herzen kommt, gründet tief.

«Beim Tanzen lebe ***ich*** *mich aus!»*

Deine innere Freude kannst Du zeitlich dehnen. Auskosten und verlängern.

Kein Mensch kann ewig lächeln. Aber ein heiteres Gemüt, eine optimistische Grundhaltung, die Freude darüber, dass die göttliche Energie mir diesen irdischen Freiraum gewährt – diese Solidarität mit der Schöpferkraft ... die kannst Du Dir zum Ziel setzen.

Was heißt «zum Ziel setzen»? Du kannst sie Dir jetzt, in diesem Moment, in dieser Sekunde, selbst beweisen.

Du brauchst nur Deine Mundwinkel ein paar Millimeter anzuheben. Merkst Du, was geschieht? Vielleicht denkst Du jetzt: Da komme ich mir aber blöd vor, wenn ich mit hochgezogenen Mundwinkeln durchs Leben laufen soll.

Wenn Du so denkst, wunderbar. Dann stellst du nämlich fest, dass dies für Dich eine unnatürliche Haltung ist, an der Du arbeiten kannst.

Verändere Deine Physiognomie, Deine Gesichts- und Körpersprache – und Du wirst feststellen, wie wohltuend andere darauf reagieren.

«Ein Lächeln ist die kürzeste Verbindung zwischen zwei Menschen», sagte Konrad Adenauer.

Gib Deiner Freude Wurzeln.

Du kannst Adler sein. Aber ohne Wurzeln in Deinem Herzen wirst Du wie Ikarus vom Himmel fallen.

Flügel schmelzen in der Sonne,
wenn sie im Herzen nicht verankert sind.

DIE SELIGKEIT EINES AUGENBLICKS VERLÄNGERT DAS LEBEN UM TAUSEND JAHRE.

JAPANISCHES SPRICHWORT

«Ich hab ***die Sonnentage genossen*** *in Rom!»*

E

WAS IST DAS REINE, DIE ESSENZ DER FREUDE?

Die Freude ist die Ahnung des Kommenden.
Die Freude ist der Weg unterhalb des Gipfels.
Der fast gelungene Überblick über das Leben.

Freude ahnt, dass das Licht in Sicht kommt.
Freude heißt deshalb auch: Vorfreude.

Der Ruf «Land in Sicht!» ist mit Freude verbunden –
sicherlich mit größerer Freude als die reine Vorfreude.
Einschränkend muss man allerdings sagen:
Mit intensiver, aber auch kurzer Freude.
Denn, nach dem Ruf «Land in Sicht!» beginnt schon wieder die Neugierde, der Gedanke:
Was ist dort los? Was findest Du vor?

Dann wird es in Dir unruhig.
Dann geht die Betriebstemperatur nach oben.

Dann bist Du nicht mehr in der reinen Freude,
sondern in der Erwartung.

Die echte, auch die stille, aber wahre Freude,
die überdauernde Freude, die schöpfst Du aus dem Hier und Jetzt.
Diese Freude hat etwas Unberührtes, Einzigartiges,
etwas Vollkommenes und Unvollkommenes.
Sie ist Freude, die den Augenblick genießt.
Freude, die sich Zeit lässt.
Freude, die sich Raum gewährt.

Tiefe Freude ist nicht vergänglich wie eine Momentaufnahme.
Tiefe Freude ist eine Grundhaltung.
Ein Lebenskonzept.
Dem freudvollen Menschen ist das Leiden nicht fremd.
Ja, seine Freude basiert gerade auf dem Durchschreiten der Lebenstäler.
Er fühlt sich gestärkt durch Aufgaben und Herausforderungen.

Ist Freude eigentlich gleichbedeutend mit «Glück»?

Nein. Nicht in jedem Fall.
Freude kann Glück bedeuten.
Aber die kleine Freude ist auch erfahrbar und bedeutsam,
ohne dass es stets zu großen Glücksgefühlen reicht.
Freude ist das Lächeln des Augenblicks.
Das stille Einverständnis in die Ordnung des Lebens.

Bescheidenheit ist eine Tugend der Freude.
Sich an den kleinen Dingen des Lebens zu erfreuen.
Die Sinne nutzen.
Sich über die Sinne zu erfahren, ist Freude.

Du kannst Dich freuen über tausend Dinge,
wenn Du offen bist und achtsam dem Leben gegenüber.
Ein Kinderlachen erfreut.
Ein guter Geruch.
Eine Idee, die unverhofft kommt.

Ein «Dankeschön» macht Freude.
Seine Arbeit gewürdigt zu sehen, macht Freude.
Sich verstanden zu fühlen.
So angenommen zu werden, wie man ist.

Freude ist das Lächeln der Verliebten.
Unverstellt zu leben, echt zu sein – das macht Freude.

Wenn Du Dich freuen kannst, kannst Du über Dich lachen
wie über den Clown, der Deine Unbeholfenheiten widerspiegelt.
Über seine Fähigkeit, mit einem Lächeln das Scheitern
zu überwinden.
Immer wieder neu zu beginnen, neu anzufangen.
Immer wieder aufzustehen und sich – und den anderen –
zu zeigen: Es geht doch!

Der Clown sagt Dir: Steh auf,
wenn Du hingefallen bist.
Er lebt Dir vor, dass das Lachen
immer wieder neu geboren wird.

DIE BESTE FREUDE IST DAS WOHNEN IN SICH SELBST.

JOHANN WOLFGANG VON GOETHE

*«**Mein** schönster Spruch ist: Carpe diem!»*

WAS IST FREUDE, UND WANN IST MAN FROH?

WENN MAN SICH SELBST IN WAHRHEIT GEGENWÄRTIG IST. DASS MAN IST, HEUTE IST, DAS IST FREUDE.

SÖREN AABYE KIERKEGAARD (1813-1855)
DÄNISCHER THEOLOGE, PHILOSOPH UND SCHRIFTSTELLER

SELBSTVERGESSENHEIT

Kannst Du Dich daran erinnern, dass Du als Kind, wenn Dich die Erwachsenen in Ruhe ließen – völlig aufgingst in Deinem Spiel? Ja, ganz selbstverständlich warst Du da, eins mit Dir und Deinem Tun, unbeeinflusst von dem, was außerhalb Deines Spieles war.
Es gab kein Außen. Alles war in Dir und Deinem Tun. Alles war eins: Du und Dein Spielzeug, Du und der Sand, Du und die Welt.

«Du sollst essen kommen! Wie oft habe ich das schon gesagt?!»
Manchmal bist Du so herausgerissen worden aus Deinen Träumen, Phantasien, aus Deiner Welt, die **Du** ja warst.

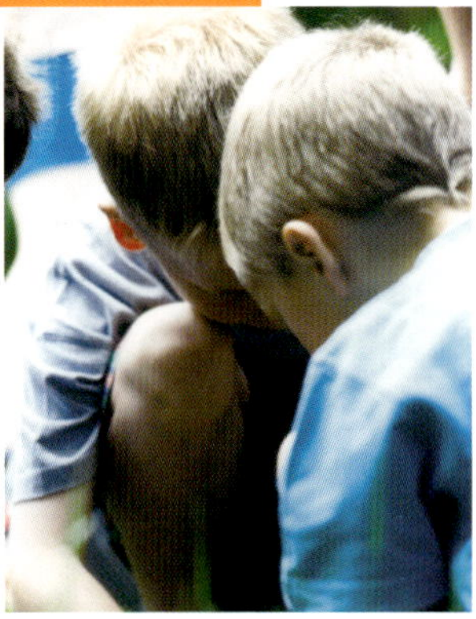

«Komm jetzt!»

In dieser Zeit aber, in der Du – selbstvergessen – mit Dir und dem Leben eins warst, bildete sich Dein Persönlichkeitskern.

In dieser Zeit der Selbstvergessenheit entsteht eine andere Qualität der Empfindung. Die Zeit dehnt sich. Vergrößert sich. Vertieft sich.

Diese tiefe Freude ist nicht gewollt, nicht gesucht, nicht erbeten. Sie **ist**.

Ein Zugang zu ihr ist die Öffnung der Sinne. Dann entstehen die intensivsten Erfahrungen. Über die Sinne zum Sinn – zum Sinn des Da-seins, zum Sinn des So-seins, zum Sinn des Lebens.

Was die wenigsten erwarten würden: Selbst Franz Beckenbauer berichtete von solchen Momenten der Freude und des Glücks: «Das Schönste ist, wenn Du Dich nach einem gewonnenen Spiel ganz alleine zurückziehst ... ganz zu Dir kommst ... und völlig selbstvergessen mit Dir und der Welt im Reinen bist.»

DAS, WORAUF ES ANKOMMT, KÖNNEN WIR NICHT VORAUSBERECHNEN.
DIE SCHÖNSTE FREUDE ERLEBT MAN IMMER DA, WO MAN SIE AM WENIGSTEN ERWARTET.

ANTOINE DE SAINT-EXUPÉRY

WANN HAST DU ZUM LETZTEN MAL IN DEINEM LEBEN GESTAUNT?

Stell Dir vor, Du wärest erst vor kurzem geboren. Der dreijährige Junge, das fünfjährige Mädchen ... Was alles würdest Du zum ersten Male in Deinem

Leben wahrnehmen? Was würde Dich überraschen? Was würdest Du mit großen Kulleraugen beobachten? Was mit großem «OOOOH»-Mund bestaunen? Was würde Dich begeistern?

Ist es der Riesenkäfer? Der erste Schneeball?
Die Pfütze, die ihr Wasser so herrlich herumspritzt? Das erste krakelige Bild, das nur Du so malen kannst? Das Aufdecken von Unterschieden, die Dich erstaunen lassen, das Entdecken einer anderen Hautfarbe? Ist es der Luftballon, der in Kreiselbewegungen gen Himmel schwebt?

Wann hast Du zum letzten Male gestaunt? Klar, wir Erwachsenen sind gegen Überraschungen gefeit.

WERDE WIEDER WIE EIN STAUNENDES KIND, DAS DIE WELT ENTDECKT – JEDEN AUGENBLICK NEU.

TIBETISCHES SPRICHWORT

Uns hat das Leben unachtsam gemacht, abgebrüht, an uns prallt das meiste ab – alles ist selbstverständlich geworden.

Es ist Deine Entscheidung: Du kannst das Staunen neu entdecken. Tag für Tag. Und es ist ganz einfach: über Deine Sinne, über Deine Sinnlichkeit. Die Sinne sind nämlich ganz einfach zu bedienen. Und – wir haben sie immer bei der Hand.

Wann stehst Du morgens in aller Frühe auf und beobachtest schweigend, wie langsam die Sonne aufgeht? Wann setzt Du Dich wieder in die Schaukel wie ein Kind? Überlässt Dich dem Schwingen und fühlst Dich frei ... Wann stellst Du Dir eine Rose auf den Schreibtisch und sagst Dir ...

«Das bin ich mir wert!»?

Es gibt so viel Sinn ... und Un-sinn zu entdecken. Gebrauche Deine Sinne. Täglich.
Aus welchen Gründen hat das Leben sie Dir sonst – geschenkt?!

PANTA RHEI ...
ALLES FLIEßT

DIE WICHTIGSTEN DINGE
IN UNSEREM LEBEN
SIND NICHTS AUßERORDENTLICHES
ODER GROßARTIGES.
ES SIND JENE MOMENTE,
IN DENEN WIR UNS
VON EINEM ANDEREN
ANGERÜHRT FÜHLEN.

JACK KORNFIELD

E

Es gibt keinen Druck.
Druck ist nur, was Du Dir selber machst.

Klagst Du über Stress,
über die Schnelligkeit des Lebens?

Es gibt keinen Zeitpunkt.
Also ist es keine Frage, wie schnell Du bist.

Lasse es sich entwickeln, wie Du Dich entwickelst ...
Alles geschieht zur rechten Zeit.

Du stehst unter keinem Druck des Himmels.
Genieße Dein Leben im Jetzt.
Du bist Gott nahe – das genügt.

Alles entspringt der Wurzel des Vertrauens.
Alles, was Du empfängst, ist Gnade.

Deshalb: Setze Dich nicht unter Druck.
Sei geduldig, offen und frei –

dann fließt alles,
was Du gebrauchen kannst.
Alles, was Du wissen sollst.
Alles, was Dich froh
und glücklich macht ...

LÄCHELN IST DER COUNTDOWN
FÜR DEN FREIFLUG
INS LICHT.

zur
CD 2

7 SCHLÜSSEL 7: DAS LICHT

Was ist herrlicher als Gold?

Licht

Dante:
«Göttliche Komödie»,
Dante und Beatrice vor
dem Licht Gottes

ERST WENN WIR UNS
DEM DUNKEL STELLEN,
WIRD UNS DER SCHRITT
INS LICHT GESCHENKT.

JULIUS KARDINAL DÖPFNER

DIE DUNKELBAR

Kannst Du Dir vorstellen, wie ein Raum auf Dich wirkt, in dem es vollkommen dunkel ist? Stell Dir vor, Du siehst nichts. Du siehst nicht, wo Du stehst, Du siehst nichts um Dich herum. Keine Ausmaße und Dimensionen, keine Flächen und keine Winkel des Raumes.

Wie verhältst Du Dich hier – und wie geht es Deiner Seele?

Ich war vor kurzem in einem solchen Raum. Es war eine Dunkelbar. Sie wird geleitet von einer blinden Frau und einem blinden Mann, die Dich an der Türe – wo Du gerade noch schemenhaft sehen kannst – abholen, Dich an die Hand nehmen, um Dich im schwärzesten Dunkel zur Theke zu führen. So stehst Du jetzt buchstäblich «im Dunkeln», keine Ritze, durch die das Tageslicht fällt, keinerlei Restlicht. «Was möchten Sie trinken?»

Natürlich gibt es keine Getränkekarte, denn die wäre ja nicht lesbar, sodass ich unsicher zurückfrage: «Was haben Sie denn im Angebot?»

«Sie können Kaffee haben, Cappuccino, Tee, Kakao. Zwölf Fruchtsäfte und Wasser. Irish Coffee, Rüdesheimer, wir können Ihnen aber auch einen Cocktail mixen, mit oder ohne Alkohol.»

Ich bestelle einen Cocktail – mit Alkohol –, höre die Schritte der Bedienung, die Entnahme von Flaschen ... ob aus dem Kühlschrank, weiß ich nicht, sehe ich nicht. Selbst aus der Kaffeemaschine scheint das Glühbirnchen entfernt.

Es gluckert, dann scheppert es leicht – Mixgeräusche. Die Bedienung serviert unsichtbar. Kannst Du Dir vorstellen, wie langsam und vorsichtig Deine Bewegungen werden beim Griff nach dem Glas? Wie Du langsam auf die anderen Sinne umstellst, weil die Augen nicht...

Wonach riecht es eigentlich? Welche Geräusche hörst Du? Dringt ein Schall von außen nach innen? Da! Du hörst einen anderen Gast, er rührt in einem Kaffee? Wie viele Gäste mögen im Raume sein?

Ich sauge am Strohhalm, bis ... was trinke ich hier eigentlich? Einen Cocktail, ja, aber was ist drin? Ich

schmecke Zitroniges, Frisches, aber auch Exotisches … süß? Nein, eher herb.

«Ich möchte zahlen!» sage ich ins Dunkel. «Cocktail mit … macht fünf Euro.» Es bleibt finster. So beginnt die Suche nach einem Schein, im Dunkeln, in einer Börse, in der die Scheine nicht geordnet sind, deren Ausmaße ich ja gar nicht kenne … Scheine aufeinanderlegen, vergleichen, Ecken betasten, Längen messen …

Auf der einen Seite entwickelst Du mehr Gefühl, lernst die Sinne ganz anders kennen. Auf der anderen Seite entwickelst Du eine große Dankbarkeit für Dein Augenlicht. Schön, dass Du es hast. Selbstverständlich ist es nicht.

Die Dunkelbar, die wir besuchten, liegt im Schloss Freudenberg bei Wiesbaden. Sie ist Teil eines Erfahrungsfeldes nach Hugo Kükelhaus www. *schlossfreudenberg.de*

WENN WIR WÜSSTEN, DASS WIR HEUTE ABEND BLIND WERDEN, DANN WÜRDEN WIR EINEN SEHNSÜCHTIGEN BLICK, EINEN WAHREN LETZTEN BLICK AUF JEDEN GRASHALM, JEDE WOLKENFORMATION, JEDES STAUBKORN, JEDEN REGENBOGEN, JEDEN REGENTROPFEN WERFEN – EBEN AUF ALLES.

PEMA CHÖDRÖN

Leben ist in der Dunkelheit nur eingeschränkt möglich.
Leben auf Sparflamme sozusagen …
Leben in Kälte, in geistiger und emotionaler Blindheit,
ja, in Erstarrung.
Wenn eine Pflanze Mangel leidet, stirbt sie nicht unbedingt ab.
Aber Du siehst ihr an, dass sie nicht in der Pracht ihrer Blüte steht.
Sie verkümmert … So ist es auch mit dem Menschen.
Wer seine Angst, seinen Hochmut, seine Traurigkeit
nicht überwindet, verkümmert.
Lebt ein Schmalspur-Leben.
Der Gegenpol des Lichts ist der Mangel.

LICHT UND SCHATTEN

Licht hilft uns bei der Orientierung. Wir wollen Licht ins Dunkel bringen, die Unklarheit ausleuchten. Trittsicherheit finden. Das Dunkel ist uns oft unheimlich, weil unkontrollierbar. Im Dunkel fühlt sich der Mensch ausgeliefert. Ohne jede Lichtquelle sind wir hilflos und blind, ja, geradezu ohnmächtig, machtlos.

Dunkelheit zeigt uns auf: Wir haben unsere Sinne nicht geschult, nicht geschärft. Wir vertrauen ihnen nicht. Das verursacht ein Gefühl der Unsicherheit.
In der Dunkelheit möchte man sich Mut machen wie mit dem Pfeifen im dunklen Wald.

In der Finsternis suchen wir Orientierung durch das Licht. Dunkelheit und Helle, Schatten und Licht, Nacht und Tag ... das eine gibt es nicht ohne das andere.

Angst haben die meisten Menschen auch vor ihren **eigenen** Schattenseiten. Vor ihren «Kellerkindern». Ihren Subpersönlichkeiten. Vor diesen Gefühlen, die man unsichtbar halten und vor den anderen verstecken möchte, ja, die man oftmals selbst noch gar nicht bei sich entdeckt hat, entdecken wollte ... Hinsehen? Hinfühlen? Nein danke!

Es ist der Schmerz, die Angst, die Wut, der Neid, die Begierde, die Depression, die Scham, die Wertlosigkeit ... und vieles mehr.

Die Dunkelheit, den Schatten, das Zerrissene, das Abgrundtiefe ... diese Seiten der eigenen Persönlichkeit verdrängen und verleugnen wir gerne. Kellerasseln sind uns ja auch nicht gerade sympathisch.

> BEUGEN SIE SICH ÜBER IHREN SCHMERZ WIE ÜBER EIN KIND, DAS SIE SANFT STREICHELN MÖCHTEN.
>
> *JACK KORNFIELD*

Zeitweise nannte ich es scherzhaft das «**Ilja Richter-**

Syndrom», was aber nicht an der Person des Herrn Richter lag: Als er in den 70ern die Hitparade «Disco» moderierte, passierte nach der Präsentation des Siegertitels Folgendes: «Licht aus – rrrums – Spot an – jaaa!» Dann stand der Gewinner im Licht und winkte in die Kamera. Mit «Spot an» wurde die Schokoladenseite des Menschen beleuchtet. Das Übrige blieb im Dunklen, unausgeleuchtet und damit den Blicken der anderen verborgen.

Beide Seiten gehören zum Menschen. Nur das Dunkel gibt dem hellen Schein die Bedeutung. So gibt das Dunkle dem Ich Kontur – denn, wie wir früher erfahren haben, findet der Mensch nur über die Polaritäten zu seiner Mitte.

Die Lösung besteht also nicht darin, das Dunkle, Verschattete, Abgrundtiefe zu bekämpfen, sondern frei zu werden für das Licht. Den Schatten anzunehmen, sich zu versöhnen, ja, die dunklen Seiten geradewegs zu lieben und sie damit zu «erlösen». Erst wenn ich sie «erlöst» habe,

Polaritäten

«Licht» leuchtet in der Finsternis. Der Gegenpol ist Hoffnungslosigkeit, sich aufgeben. Licht ist Hoffnung, ist Versprechen, ist Ziel allen Strebens. In diesem Sinne ist die Polarität von Licht nicht «Schatten», sondern eher Orientierungslosigkeit ... die Unfähigkeit, einen Platz im Leben zu finden. Eher «Verirren» als Dunkelheit, die Schwere des Seins, die Bürde des Sisyphos.

Licht ist Erleuchtung, Nicht-Licht ist Nicht-Wissen, ja, noch nicht einmal ahnen, warum Du lebst, ziellos, dunkel. Der kleinste Lichtstrahl würde sofort Hoffnung geben zum Auf-Bruch, zum Wandel, jeder noch so geringe Lichtpunkt wäre Zielvorgabe, würde die Sehnsucht wecken, dem Nicht-Licht zu entweichen.

Licht ist Wachstum, Nicht-Licht ist Zerfall.

ist das Bedrückende vom Hals und von der Brust geschaffen. Einfach scheint das nicht. Hier kämpfen die Dämonen und Götter miteinander, die Ambivalenz braucht einen lösenden, erlösenden Weg.

Wer genau hinschaut, findet Parallelen in der Natur: Unkraut und Weizen wachsen auf **einem** Acker zusammen. Es liegt nahe beieinander, was das Leben gefährlich, und was es fruchtbar macht.

Das Akzeptieren der Verwirrung macht uns frei für die Klarheit. Die Versöhnung mit unseren Ängsten, unserem Hass und Zorn, macht uns frei für die Liebe. Die Erlösung unseres Misstrauens schenkt uns Vertrauen. Das «Ja» zu unserer Feigheit macht uns bereit für den Mut. Die Einsicht in unseren Hochmut macht uns offen für die Dankbarkeit. Das Einverständnis mit dem Leid schenkt uns die Freude. Die Annahme der Dunkelheit führt uns zum Licht.

Das Licht ist Zusammenfassung und Folge aller vorhergehenden Schlüssel. Um das Licht zu erleben, kannst Du nichts tun, außer ... einen Entschluss zu fassen. Er heißt:

Loslassen!

Denn wer loslässt,
hat die Hände frei.
In kleinen Schritten,
mit kleinen Übungen
in Deinem Alltag.

Wenn Du Dir drei
Kleidungsstücke aus-
gesucht hast, und
ein Teil zurückhängst,
lässt Du von Deiner
Maßlosigkeit los.

... und ...

Licht wird nicht am Anfang geschenkt,
es setzt Bewährung und Reifung voraus.
Du musst die Siege Deines Lebens ohne
Hochmut feiern können ... Du musst
Umwege und Verwirrung annehmen
lernen, um frei zu werden für das Licht.
Liebe alle Höhen **und** Tiefen,
die Dunkelheit **und** das Licht.
Sie vereinen den Helden **und** Weisen
in Dir.

Wenn Du Deine Wohnung entrümpelst, Dich von überflüssigen Sachen trennst, lässt Du Deinen Müll los.

Wenn Du abspeckst, lässt Du Schwere los. Wenn Du Dich in Toleranz übst, lässt Du von Deiner Selbstherrlichkeit los. Wenn Du «Nein» sagst, lässt Du von Deinem Bedürfnis, gebraucht zu werden, los. Wenn Du den Augenblick genießen lernst, lässt Du die Kompliziertheit Deines Lebens los. Wenn Du Dir sagst, dass Du wertvoll bist – und daran glaubst, es verinnerlichst – dann lässt Du Deine Komplexe los. Wenn Du den Menschen mit einem Lächeln begegnest, lässt Du Deine Ängste los.

Konzentriere Dich: Was ist wesentlich? Was kannst, was musst Du loslassen?

Diese Befreiung vom Zwang, vom Rausch, von der Sammelleidenschaft, vom Perfektionismus, von der Selbsterniedrigung, von der Einsamkeit ... sie fühlt sich nicht nur gut an, sie öffnet Dich auch für das Licht!

ÖFFNE DICH DEM LICHT – LASS LOS!

Lass die Schuldgefühle los, sie sind immer rückwärts gerichtet. Du glaubst, etwas getan zu haben, was Du nicht hättest tun dürfen. Oder Du glaubst, etwas unterlassen zu haben, was Du unbedingt hättest tun müssen.

Lass Deine Sorgen los. Sie vernebeln die Zukunft. Außerdem weißt Du nicht, ob sich die Dinge so entwickeln, wie Du befürchtest. Du lebst nur im Hier und Jetzt. Deshalb sind Schuldgefühle und Sorgen die **überflüssigsten Gefühle**, die es gibt.

SCHULD
ABLADEN
VERBOTEN

Die chinesischen Shaolin-Mönche sagen:
Lebe nur für den Augenblick. Die Zukunft wird sich von selbst ergeben, nichts existiert außer dem Augenblick.

Also, **lass los!** Wenn Du loslässt, lebst Du im Hier und Jetzt. Denn jetzt, diese Sekunde oder Hundertstelsekunde, ist die einzige Zeitspanne, die Du hast. Das Vorhin ist vorbei, unwiederholbar. Das Nachher, die Zukunft, ist bestenfalls ein Versprechen. Jetzt, nichts anderes zählt für Dein Leben. Und wenn Du im Jetzt lebst, lebst Du offen und bewusst. Mit all Deinen Sinnen. Wer mit seinen Sinnen lebt, wird seines Selbst bewusst. Wird selbstbewusst. Du brauchst nur eins zu tun: **Dich zu öffnen** (indem Du loslässt) **und zu vertrauen** (auf das Licht).

Das Licht setzt Segel
Licht kann beständig sein wie der Polarstern, feurig wie der brennende Dornbusch, mildtätig und sanft wie die Flamme einer Kerze. Wie immer Du das Licht erfährst – es setzt die Segel. Volle Fahrt voraus.

Viele glauben nun, sie würden manipuliert und ausgenutzt, wenn sie anderen vertrauen. In den USA wurde untersucht, wer beim Gebrauchtwagenkauf am ehesten übervorteilt wird. Es sind die misstrauischen Menschen.

Um die Energie des Lichts zu spüren, musst Du Dich nicht hinter das Licht führen lassen. Viele **Sektenführer** meinen: Der Weg der Erleuchtung ist genau dieser, den **ICH** Dir vorlebe – oder vorgebe. Manche wollen uns weismachen, dass es nur den einen, richtigen, wahrhaftigen Weg aus der Dunkelheit gibt.

Viele sagen: Komm ans Licht, hier geht es entlang. Verlasse hier die Dunkelheit. Wenn Du genau das tust, Dich auf dieses und jenes verpflichtest, wirst Du ewige Glückseligkeit erlangen. Sie machen Vorgaben, jedoch: Wer von sich sagt, er sei erleuchtet, kann schon nicht erleuchtet sein. Alles, was Du brauchst, hast **Du** in Dir. Dein Herz allein ist der Kompass für die Verbindung zum Licht.

UNSER LICHT

Unsere tiefste Angst ist nicht,
dass wir unzulänglich sind.
Unsere tiefste Angst ist,
dass wir grenzenlose Macht in uns haben.
Es ist unser Licht und nicht unsere Dunkelheit,
vor dem wir uns am meisten fürchten.

Wer bin ich schon, fragen wir uns,
dass ich schön, talentiert und fabelhaft sein soll?
Aber ich frage Dich, wer bist Du, es nicht zu sein?
Du bist ein Kind Gottes.
Dich kleiner zu machen, dient unserer Welt nicht.
Es ist nichts Erleuchtendes dabei,
sich zurückzuziehen und kleiner zu werden,
damit andere Menschen nicht unsicher werden,
wenn sie in Deiner Nähe sind.

Wir wurden geboren, um die Herrlichkeit Gottes,
der in uns ist, zu offenbaren.
Sie ist nicht nur in einigen von uns,
sie ist in jedem von uns.
Wenn wir unser eigenes Leben strahlen lassen,
geben wir unbewusst unseren Mitmenschen
die Erlaubnis, dasselbe zu tun.
Wenn wir uns von unserer eigenen Angst
befreien,
befreit unsere Gegenwart automatisch
die anderen.

Nelson Mandela

(Auszug aus seiner Antrittsrede
als Präsident von Südafrika)

LICHT-SCHALTER

*Das Licht als 7. Schlüssel ist die Empfangsstation
des großen, unbegrenzten, göttlichen Lichts.
Es ist sozusagen Dein Trafo, Deine Schaltzentrale.*

*Empfange das Licht in Deinem Herzen –
und empfinde diese tiefe Freude,
die Dich beseelt,
wenn das Licht Dich erfüllt.*

*Mit der Freude erspürst Du das Licht.
Mit dem Licht bist Du inmitten
Deiner Seele.
Mit der Berührung Deiner Seele
spürst Du die Verbindung zu Gott.*

*Der 7. Schlüssel, das Licht,
ist Gabe, ist Geschenk.*

*Es wird Dir zuteil,
wenn Du an Dir gearbeitet hast,
wenn Du Dich für* **Deinen** *Weg
entschieden hast,
wenn Du offen bist und aus ganzem
Herzen liebst und vertraust.*

*Das Licht kannst Du Dir nicht aktiv erarbeiten.
Es ist ein Geschenk der Liebe Gottes an Dich.*

*Das Licht ist die wirkliche Freiheit des Menschen.
Das Licht ist das tiefe, umfassende, durchdringende Glück.*

*Im wahren Licht kannst Du nicht einmal mehr staunen,
denn es ist so selbstverständlich, präsent …*

Glück

Licht *kannst du auch mit «Glück» übersetzen. Wahres Glück entsteht aus einer tiefen inneren Freude. Das Wort «Glück» ist so häufig missbraucht worden, dass es seine Bedeutung verloren hat. Deshalb* **Licht** *– aber erspüre, dass es das wirkliche Glück bedeutet.*

Im Lichte Gottes gibt es kein «Haben».
*Du **hast** nicht das Licht.*
Es gibt nur noch «Sein».
*Du **bist** das Licht.*

LICHT VERSCHENKEN

Licht ist keine knappe Ressource.
Es ist zwar kostbar – aber in Fülle vorhanden.

ÜBUNG

Stell Dir vor, Du stehst im Licht – wie unter einer Lichtdusche. Dieses Licht umhüllt Deinen Körper in einigem Abstand mit einer dünnen, milchigen und porösen Membran. Alle negativen Einflüsse, die von außen einwirken, fädeln sich durch die Membran ... werden dort umgebogen und wieder nach außen geschickt. Negative Einflüsse dringen also nicht in Dein Schutzfeld – und erst recht nicht in Deinen Körper. Alle positiven Energien von außen werden durchgelassen und entfalten in Dir ihre heilsame Wirkung. Sie stärken Körper, Immunsystem, Deinen Glauben an Dich selbst, Deine Seele, Deinen Geist.

Stell Dir vor, Du stehst im Licht unter dieser Lichtdusche ... und nun fühle in Dir Dein Selbstvertrauen ... und Dein Vertrauen in die Urkraft des Lebens.

So kannst Du reichlich das Licht Deiner Seele verschenken. Du kannst Dein strahlendes Lächeln verschenken ... Deine aufrichtigen und beseelten Gefühle ... Dein Wissen und Deine Weisheit.

Verschenke Dein Licht.

Dann hat Gott Platz in Dir auf ewig.

VISIONSSUCHE DER INDIANER

Beginne mit dem Aufbrechen des jungen Tages.
Mit der Morgendämmerung.
Beobachte das Aufsteigen der Sonne –
und den Verlauf der Sonne am Himmel ...
bis zum Sonnenuntergang am Abend ...
und dem Werden der Nacht.

«Erleuchtung»

Wenn Du in eine Richtung schaust,
in eine Richtung meditierst,
zieht der Tag, die Sonne, das Licht
an Dir vorüber.

Du siehst und spürst den Verlauf, den Zyklus ...
bis der Tag sich rundet, der Kreislauf
von Neuem beginnt.

Lass den Tag an Dir vorüberziehen.
Lass das Licht an Dir vorüberziehen.
Jede Minute, jede Stunde, jeder Abschnitt des Tages
verändert Deinen Blick –
spielt mit der Intensität der Farben und Formen.

Mal ist das Licht klar, mal verschwommen,
mal überlegen, mal reduziert.

Wenn Du sitzt und schaust und offen bist,
nimmst Du Anteil am Weg des Lichts ...
durch Deinen Tag,
durch Dein Leben,
durch Raum und Zeit.

In Deinem Bewusstsein verändert sich die Qualität des Lichts
von Augenblick zu Augenblick –

in der Qualität Deiner Seelenerfahrung
bleibt sie klar und konstant für alle Zeit.

Wenn Du den Tag wachsam
und voller Aufmerksamkeit gestaltest,
bleibt das Licht Deine Quelle und Kraft.

Wenn Du lange sitzt und schaust –
zieht das Licht des Tages an Dir vorüber.

Wenn Du lange sitzt und schaust –
zieht das Dunkel der Nacht an Dir vorüber.

Darum liebe das Licht und die Dunkelheit.
Beides lässt Dich vollkommen werden.

DER WEG INS LICHT

Die Täler des Lebens lassen sich nicht vermeiden,
aber manche sind mit Brücken leichter zu überwinden.

Wer dem Licht folgt,
kann sein Ziel nicht mehr verfehlen.

Am Ende ist der Weg ins Licht die letzte Brücke –
sie überwindet kein Tal.
Sie überwindet Welten.

Glaube – und Du siehst.

HIER BIN ICH, GOTT,

UND ICH BIN DIR NAHE.

JA, ICH BIN.

IV. Die Ankunft im reichen Leben

ICH SEHNE MICH NACH EINFACHEN FORMEN,
NACH EINER STILLEN, NATÜRLICHEN LEBENSWEISE,
WO HERZ ZUM HERZEN SPRICHT...
UND WO MAN DAS BESTE HAT:
EHRLICHKEIT, LIEBE, FREIHEIT.

THEODOR FONTANE

Wenn Du alle 7 Schlüssel durchlaufen und in Deinem Sternum integriert hast, ist Dein Leben grundlegend und dauerhaft bereichert.

Dieser Reichtum ist nicht von äußeren Umständen, weder von Aktienkursen noch von öffentlichen Huldigungen beeinflussbar. Denn Du trägst den inneren Reichtum in Dir. Es ist nicht länger der Mangel, der Dich durchs Leben treibt. Du kannst aus Dir selber schöpfen. Das ist ein Geschenk des Lebens an Dich.

Das Ziel, die Abrundung und der Höhepunkt des Weges der 7 Schlüssel ist die Erfüllung in der Harmonie.

SCHAU ZURÜCK – SCHAU NACH VORN: DER WEG DER 7 SCHLÜSSEL ∞

*Der Schlüssel «**Klarheit**» besetzt die Positionen*
«Unklarheit, Finsternis, Druck»
und Aufbruch in die Entscheidung.

*Der Schlüssel «**Liebe**» das Durchatmen und die*
Heiterkeit der ersten Freude, alles losgelassen
und sich ein Stück geöffnet zu haben.

*Der Schlüssel «**Vertrauen**» schafft die Basis*
des Selbstvertrauens ... und verhilft zu Offenheit
gegenüber den anderen Menschen,
dem «Weltvertrauen».

*Der Schlüssel «**Mut**» signalisiert den Aufbruch,*
das Zutrauen – mit Klarheit, Liebe und Vertrauen
ausgestattet –
sich dem Neuen stellen zu wollen,
ja, es zu suchen und zu erobern.

*Der Schlüssel «**Dankbarkeit / Demut**» gründet auf*
der Erkenntnis,
dass jeder Mut nur auf der Basis der Demut,
der wirklichen Weisheit, gedeihen kann.
Wer sich nicht einordnen kann in die kosmische
Ordnung,
wird übermütig, hochmütig und kann tief fallen.

*Der Schlüssel «**Freude**» kann jetzt die Erfahrung*
der ersten fünf Schlüssel für die wahre «Lebensfreude»
nutzen:
Diese authentische Lebensfreude ist immer individuell,
mal spielerisch und heiter, mal tiefgründig und ernst ...

Dieser Schlüssel ist das Leben «auf dem Plateau»
vor dem Gipfel.

*Der Schlüssel «**Licht**» (Energie, Glück, seelische*
Nahrung ...)
ist der Aufstieg zum Gipfel,
wobei er keine Anstrengungen mehr verlangt,
da das Licht und die damit verbundene Leichtigkeit
geschenkt wird.

Auf den Schwingen Deiner Seele wirst Du getragen
in das göttliche Licht, in die Erkenntnis,
in die Erleuchtung.

*Die «**Harmonie**» ist die Vollendung,*
die Abrundung.
Der Überblick vom Gipfel auf das gesamte Leben.
Das Eins-Sein mit Dir und dem Kosmos.
Das Schauen: wie oben – so unten.

Alles ist eingefangen in das Ziel jeder Ordnung:
in der Harmonie.

Ich ... bin!

*Der Schlüssel «**Klarheit**» trennt, teilt,*
ist gegensätzlich.
Verdeutlicht die Polaritäten, an denen viele
von Anfang an scheitern.
Du musst Dich ent - scheiden ...

*Der Schlüssel «**Liebe**» ist heiter beschwingt.*
Er muntert auf und erfreut das Herz.

Ich ... liebe.

DIE «HELDENREISE» DURCH DIE 7 SCHLÜSSEL

*Der Schlüssel «**Vertrauen**» legt den Grund.*
Ist Basisbedingung für das Ich und das Du.
Er verstärkt die Wurzeln für die Tragfähigkeit
von Freundschaft und Beziehung.

*Der Schlüssel «**Mut**» ist Stärke und Kraft.*
Er gewinnt an Höhe.
Ist Überwindung von Bequemlichkeit und Ausrede.
Mut rüttelt wach und überwindet die Angst.
Gibt Rückenwind.

*Der Schlüssel «**Dankbarkeit / Demut**»*
verstärkt endgültig den Grund und Boden.
Ist Einordnung und Sinnfindung über die Stille und
die Sinne.
Ist Ausgleich und Balance.
Und letzten Endes die Weisheit Gott und dem Leben
gegenüber.

*Der Schlüssel «**Freude**» ist Lebensfreude pur.*
Die Ernte des Lebens-Spiels auf dem Höhen-Plateau.
Beschwingt ... und nachdenklich.
Seelenvoll ... und Überraschung bietend.
Alles kann hier zusammenfließen.

*Der Schlüssel «**Licht**» ist Aufstieg, besser:*
Auf-Schwung.
Die Brücke, die Fähre, die Verbindung.
Licht ist Übergang.
Nicht schon für den irdischen Tod, sondern für die Ahnung
einer Größe, die uns alle umfängt und durchdringt.
Ein Schweben, eine Leichtigkeit, eine Musik mit
Seelenqualität.
Hüpfte bei der «tiefen Freude» bisweilen noch unser Herz,
so handelt es sich hier um reine Seelenenergie ...
der freie Flug der Seele ins Licht ...

*Die **«Harmonie»** vereint den Weg der 7 Schlüssel, ist Ziel und Vollendung.*
Harmonie ist die stille Freude über das Erreichte, aber auch die liebevolle Zufriedenheit im Einklang mit sich, mit Gott und der Welt.

Eine tiefe Harmonie in der Gewissheit:
Das, was war, war gut.

Ich bin … ganz ich.

Angekommen! … Endlich!

Leben in jeder Form sucht Frieden, Schönheit, Harmonie.
Jeder Mensch kennt zum Beispiel eine Musik,
die ihn in den Zustand der Harmonie führt.
Harmonie ist auch das Fließen, auch das Gefühl,
außerhalb von Raum und Zeit zu sein.
Jetzt ruhe ich in meiner Mitte.
Jetzt atme ich aus der Tiefe meiner Seele.
Jetzt schwinge ich in der Frequenz Gottes.

Angekommen – endlich!

DAS WAR EIN HARMONISCHER ABEND

Wer das zu seinen Gastgebern sagen kann, für den ist die Welt in Ordnung. Bedeutet es doch soviel wie: Es gab keinen Streit, weder über Politik noch über Religion, nicht darüber, was man besser tun oder lassen sollte – und wenn herumphilosophiert wurde, dann waren alle sich einig.

Das Essen war wunderbar, die Musik unaufdringlich, es wurde gelacht ... Gott sei Dank war Onkel Theo mit seinen oft platten Witzen nicht eingeladen ... also, ein rundum gelungener Abend.

Rundum? Personen, die sehr auf Harmonie bedacht sind, sagen häufig: Ich habe gerne Menschen **um mich herum**. In welcher Form «um mich herum»? Im Dreieck? Zick-Zack? Quadrat?

Wie würdest Du die Harmonie nach Deinem Gefühl bildlich ausdrücken? Wenn Harmonie eine geometrische Gestalt hätte, wie würde sie sich für Dich darstellen? Hat sie Ecken und Kanten? Unebenheiten, Verwerfungen, Risse oder Kratzer?

Die meisten Menschen sagen: «Harmonie ... das hat für mich etwas Rundes, Weiches ... eben Harmonisches.» Harmonie hat für die meisten eine runde Form. Wie ein Kreis, unversehrt und makellos.
Die **Kreisform**, das Runde, ist die vollkommenste Form. Es gibt nichts Vollkommeneres als den Kreis.
Er gilt auch als Symbol für den Kosmos, für das «**Göttliche Prinzip**».

Die Kreisform setzt das richtige Verhältnis der Teile zum Ganzen voraus. Insofern muss schon vieles zusammenpassen, damit sie entstehen kann.
Harmonie ist Zusammenklang. Ist Übereinstimmung. Harmonie ist ein Geschenk, an dem wir teilhaben dürfen, erzwingen kannst Du sie nicht. Harmonie ist ein Wort, das für manche Menschen eher altmodisch, hausbacken klingt ... als etwas von außen Erzwungenes.

Sie hat nichts zu tun mit Harmoniesucht. Denn wer Harmonie sucht, um Streit und Diskussionen zu vermeiden, lebt nicht in Harmonie, sondern in Angst vor Disharmonie.

Harmonie entwickelt sich von innen nach außen.

Sie ist die Balance zwischen allen Teilen in Dir – zwischen Himmel und Erde.

Das ist das Ende der Reise.
Du bist jetzt in Dir selber angekommen.
Du hast 7 Schlüssel durchwandert.
Du hast mehr Klarheit gewonnen.
Du hast Deine Liebe vertieft.
Du hast Vertrauen geschöpft.
Du hast Mut bewiesen.
Du hast Dankbarkeit verspürt.
Du hast Deine Freude gelebt.
Du hast Licht empfangen.

Jetzt bist Du in Harmonie.
Hier erlebst Du inneren Reichtum.

Die Harmonie im Sternum-Projekt ist der Zusammenfluss aller 7 Schlüssel und bedeutet die Erfüllung. Jeden einzelnen Schlüssel hast Du für Dich und Deine Entwicklung genutzt. Alles, was Dich als einzigartiges Wesen ausmacht, hast Du in Dir, lebt ganz vital und voller Energie im Inneren Deiner Seele.

Die Fähre hat übergesetzt. Nun kannst Du wählen. Eine alte Weisheit aus dem Zen besagt:
«Wenn Du den Gipfel erreicht hast … steige weiter.»

Am Ende der 7 Schlüssel, im alles umfassenden Gefühl der Harmonie, kannst Du Dich entscheiden, wieder und immer wieder für **Deinen** Weg, für **Dein** Ziel, **Deinen** Lebenssinn.

Am Ende der Reise schließt sich der Kreis. Aber die Reise hat Auswirkungen. Vielleicht siehst Du Dich selber auf einer nächsthöheren Ebene. Dann ist der

Kreis eine Spirale. Die Spirale ist das Zeichen der Unendlichkeit, des ewigen Werdens und Vergehens, des ständigen Wachsens und Reifens.

Jede Heldin, jeder Held lebt am Anfang der Reise in den gewohnten Umständen. Dann aber ergeht der Ruf ins Abenteuer. Heldin und Held spüren, das dieses Leben «noch nicht alles» gewesen sein kann, erliegen dem Ruf und überschreiten die Schwelle in eine unbekannte, andersartige Welt. Hier haben sie große Prüfungen zu bestehen.

Das ist im Märchen so, in den Mythen und Parabeln, aber auch auf einer sehr weltlichen Ebene: Es ist das Grundmuster für fast alle Erfolgsfilme, wie «Titanic», «König der Löwen» oder «Der Krieg der Sterne».

An mindestens drei Stellen dieser Reise wurdest Du mit den Seiten der Schattenwelt konfrontiert: **Klarheit** entwickelt sich nur aus der Unklarheit und Verwirrung. **Mut** setzt die Überwindung des Zweifels voraus. Und zum **Licht** kommst Du nur durch die Akzeptanz der Dunkelheit. Insofern sind die Schlüssel 1, 4 und 7, Klarheit, Mut und Licht, besondere Stationen Deiner Reise.

Die Heldin und der Held, die von der Reise zurückgekehrt sind, sind reicher geworden durch die Erfahrungen, die sie auf diesem Wege, auf ihrem Lebensfluss machen konnten. Der Held, die Heldin sind geläutert – sie sind weiser geworden. Wer durch die 7 Schlüssel gegangen ist, der hat sein inneres Leben in Schwung gebracht.

Sind sie nun für immer frei?

Sicher sind sie dem Ziel der inneren Freiheit ein großes Stück näher gekommen, denn sie haben den Schatten akzeptiert und neue Energien freigesetzt. Das unterscheidet sie von Peter Pan, dem Kind, das nie erwachsen werden wollte.

Herausforderungen und Krisen werden auch weiterhin zu Deinem Leben gehören. Aber Du wirst besser gewappnet sein, wenn Du das Leben aus Deiner Mitte lebst, mit offenem Herzen und mit der Leuchtkraft Deiner Seele.

Für Dein reiches Leben wünsche ich Dir, dass Du Tag für Tag immer wieder neu die Segel setzt – und alle Stürme, alle Wellentäler und Wellenberge, alle Klippen und Untiefen erfolgreich meisterst. Verliere nie den Mut und den Glauben an Dich und eine höhere Energie, die Dich schützt und trägt. Lebe Deine Dankbarkeit und gehe mit viel Freude durch jeden Tag.

Im Reichtum Deiner Seele bleibst Du immer im Licht. Volle Fahrt voraus!

Aufgehen im großen Ganzen

Harmonie ist das Ganze, ohne das Ich aufzulösen.
Harmonie ist keine Verschmelzung, keine Symbiose,
sondern die Einwilligung
von Ich und Du in ein
großes Ganzes.
Harmonie bedeutet nicht:
Wir zwei sind eins.
Sondern: Wir, das heißt,
jeder von uns mit seinen
Stärken und Schwächen,
mit seinen Ecken und
Kanten, geht auf im
Großen, ohne seine
Individualität zu verlieren.

«Amor und Psyche»
Antonio Canova
1757-1822
Paris, Musée du Louvre

FRIEDE, FREUDE, EIERKUCHEN?

Das Leben strebt nach Harmonie. Menschen mit identischen Gesichtshälften wirken auf uns harmonischer als Menschen, deren Gesichtshälften Unterschiede aufweisen.

In der Kunst gilt der «goldene Schnitt» als Maß der Harmonie. In der Musik entwickeln bestimmte harmonische Tonfolgen eine beruhigende, ja manchmal heilende Energie. Und Kinder, die selbstvergessen spielen, sind in Harmonie mit sich und der Welt.

Warum leben wir Erwachsenen nur so oft disharmonisch?

Wir kippen Tag für Tag aus unserer Lebensbalance, aus dem Gleichgewicht und der Harmonisierung von Berufs- und Privatleben, von Bewegung und Ruhe, von Spaß und Sinntiefe, von Zurückgezogenheit und Kontakt. Sind oftmals überfordert, verbeißen uns in eine Sache, wollen später alles ganz anders machen, ohne zu wissen, was und wie. Da wir nicht akzeptieren, was ist, leben wir nicht im Hier und Jetzt.

Wir fühlen uns übergangen – weil wir uns selbst übergehen.

Wir fühlen uns ungerecht behandelt – weil wir uns selbst ungerecht behandeln.

Wir fühlen uns vom Schicksal benachteiligt – weil wir uns selbst benachteiligen. Weil wir nicht an uns glauben, weil wir uns nicht vertrauen, weil wir uns nicht genug lieben.

Wir geben tagtäglich der Disharmonie in uns und um uns herum Energie. Wie soll die Welt zu uns harmonisch sein, wenn wir gar nicht zulassen, wenn wir gar nicht spüren, wie sich Harmonie anfühlt.
Zur Harmonie gehört das «Sein», nicht das «Haben».

Wenn wir aber mit allem verbunden sind, strahlen

wir genau das aus, was wir empfinden. Denn:

Wer sich selbst nicht liebt, kann andere nicht lieben.

Wer sich selbst nicht vertraut, kann anderen nicht vertrauen.

Wer sich über sich selbst nicht freuen kann, kann sich nicht über andere freuen.

Jeder kann in Harmonie leben, der mit sich selbst in Harmonie lebt. Du kannst überall zu Hause sein, wenn Du in Dir selbst zuhause bist.

Es geht nicht um Harmonie um jeden Preis, immer und überall. Erst recht nicht um «Friede, Freude, Eierkuchen». Es geht um das kleine Glück des Augenblicks. Wenn Du zur Ruhe kommst, wenn Du meditierst, wenn Du zu Dir kommst, kannst Du den inneren Raum Deiner Harmonie betreten.

Das ist es, was uns reicher macht.

DER GROßE LEHRMEISTER

Es gibt Lehrmeister, die nur durch ihre Präsenz, ihre Ausstrahlung, ihr Charisma vollkommene Überzeugungsarbeit leisten. Es sind Wesenheiten, deren innerer Glanz aufscheint, die, wenn das Innere seinen Weg nach außen findet, eine strahlende Schönheit, eine wunderbare Ästhetik und eine vollendete Harmonie aufleuchten lassen.

Vor etlichen Jahren hatte ich einen großen Lehrmeister. Er vermittelte mir das Wesen der Harmonie. Dies tat er ungefragt und ohne Worte. Mein großer Lehrmeister auf dem Weg zur Harmonie war ... eine Blume.

Meine Frau stellt mir seit Jahr und Tag immer ein paar frische Blumen auf meinen Schreibtisch. In den

Anfängen meiner Praxis, als mein Bezug zur Natur und zum Wesen der Harmonie noch recht dürftig war, befand sich ein grünes Etwas auf meinem Tisch, das ich als recht unattraktiv empfand. Diese Pflanze wirkte irgendwie verpanzert, keine Blüte, keine Farbe, schlicht und ergreifend ... nichts. Unauffällig und klein.

Nach einiger Zeit nun schob sich unter den unattraktiven Schutzblättern etwas Rotes hindurch. Sehr zaghaft, ungefähr einen Millimeter hoch. Als das Rot sich immer weiter an das Tageslicht herangetastet hatte, bildete sich plötzlich ein Rhododendronkelch vor mir, der seine Blüten noch geschlossen hielt – dennoch verzweigten sich diese schon ausladend in alle Himmelsrichtungen.

Als sich kurze Zeit später diese geschlossenen Blüten nach und nach öffneten – erst die eine, dann die auf der anderen Seite, dann wieder eine auf der mir zugewandten Seite ... wie in einem Orchester, in dem zunächst ein Solist spielt, dessen Melodie nach und nach von immer mehr Musikern aufgegriffen wird, bis alle vereint dem Crescendo entgegenstreben – lernte ich beobachten. Die Kraft der Natur zu schätzen, mich vor der ihr innewohnenden Weisheit zu verneigen. Ich lernte, die Natur zu lieben. Es gibt Gesetze in der Natur, die eindeutig auf Harmonie ausgerichtet sind. Möglicherweise sind wir Menschen eine Spezies, die das noch nicht richtig verstanden hat, zumindest nicht danach lebt. Dabei gibt es ganz einfache Beispiele.

Als dieser Rhododendron in voller Blüte stand,

berührten sich alle Blütenteile zu einer einzigartigen, harmonischen Symphonie. Makellos und vollkommen. Als das Herz dieser Blüte aufging, berührte es zugleich mein Herz. Seither weiß ich: Das Leuchten der Seele, das von innen kommt, ist die wahre Schönheit.

Wer sein Herz öffnet, öffnet das Herz seiner Mitmenschen.

Aber vor allem habe ich eins begriffen:
Die Natur ist ein großer Lehrmeister.

DIE VERGÄNGLICHKEIT
IST EIN PRINZIP DER HARMONIE.
WENN WIR UNS NICHT GEGEN SIE AUFLEHNEN,
SIND WIR IN ÜBEREINSTIMMUNG
MIT DER WIRKLICHKEIT.

PEMA CHÖDRÖN

WENN DIE SEELE KLINGT

An einem sehr schönen Sommertag ging ich mit einigen Schülern zu einer Baumgruppe im Schulgarten. Wir wollten eine Phantasiereise unternehmen.

Die Kinder liegen entspannt in Sternform im Kreis, lauschen meiner Geschichte und genießen die Ruhe,

Vogelgezwitscher, das Lichtspiel von Sonne und Schatten.

Die Harmonie an diesem Ort ist ein Geschenk, eine Sternstunde auch für mich als Erzählerin. In diesen Minuten stimmt einfach alles: Die Natur, die Stille – die Kinder. Sie begleiten innerlich die Reise engagiert mit, und so steuern wir sanft dem offenen Ende der Geschichte entgegen, das die Kinder weiterspinnen sollen.

Während der Abschlussrunde sagt Giovanni, 11 Jahre, ganz überzeugt, ruhig und lächelnd:
«Ich bin so froh, dass es mich gibt!»

Als das aus ihm herausspricht, scheint die Sonne in sein Gesicht ... Er ist in vollkommenem Einklang mit sich, der Natur und der Schöpfung.

C. R. arbeitet als Diplom-Sozialpädagogin in Krefeld

Wenn ich mich auf meinen Kern zentriere,
bleibt die Zeit stehen
und tausend Sonnen
lächeln mir zu.

Ist das Glück?

Manchmal, in der Stille der Meditation, wenn Du im Freiraum Deiner Seele bist, hast Du Anteil am reichen Wissen aller Zeiten. In einem solchen Zustand wurde mir das folgende Gebet zuteil.

GEBET

E

Vater, Gott, liebende Einheit –
Du umfängst und durchdringst alles.

Du begegnest uns in allen Gesichtern, Farben und Formen.
Du sendest uns vielfältige Zeichen Deiner Existenz und Güte.

Ich danke Dir, dass ich mich und andere in aller Vielschichtigkeit erfahren kann.

Ich danke Dir für das Hiersein, für das Einssein, für die Freiheit und die Verbundenheit.

Du lässt mich teilhaben an Deiner Größe.
Ich empfange Dein Licht und Deine Liebe.

Dafür danke ich Dir von ganzem Herzen.

V. Nachklang

WER NUR GELEGENTLICH IN DIE TIEFE DER SEELE ZURÜCKGEHT,
UM DANN WIEDER AN DER OBERFLÄCHE ZU VERWEILEN,
BEI DEM BLEIBT DIE TIEFE UNAUSGEBILDET
UND KANN AUCH IHRE FORMENDE KRAFT
FÜR DIE WEITER NACH AUßEN GELEGENEN SCHICHTEN
NICHT ENTFALTEN.

EDITH STEI

DAS STERNUM-PROJEKT … HINTERFRAGT

Georg Rup

Dr. Rupp, Sie sind seit 1975 als Psychotherapeut mit den Schwerpunkten Verhaltenstherapie, Hypno- und Traumatherapie tätig. Wie kommen Sie zu den spirituellen Inhalten?

Psychotherapie ist Hilfe zum Leben. Hilfe zum Wachstum, Hilfe zur Sinnfindung. An den Wendepunkten des Lebens entstehen häufig Störungen, in denen die Sinnhaftigkeiten eine besondere Rolle spielen.
Jede Lebenskrise ist letztlich eine Sinnkrise. Die Sinnfrage führt meistens zur Frage nach der Sinnhaftigkeit

unseres Daseins. Und vom Sinn zur Spiritualität ist es oft nur ein kleiner Schritt. Daraus ergibt sich oftmals die Nähe zur Gottesfrage. Zur Erkenntnis, dass die göttliche Energie alles umfasst und alles durchdringt. Wenn daraus folgt: Jeder ist göttlich – auch ich bin in Gott ... das macht für immer frei.

Wie meditieren Sie, um die Texte zu «empfangen»? Sitzen Sie auf einem Meditationskissen und notieren sich die Gedanken hinterher?

Es sind häufig stundenlange Meditationen, manchmal sogar drei bis vier Stunden an einem Stück. Statt in der Meditation Erfahrungen in Form von Bildern zu bekommen, habe ich das Glück, Worte, ja ganze Abhandlungen zu hören, die ich unmittelbar und ungekürzt während der Übung mitschreibe. Selbstverständlich höre ich keine «fremden» Stimmen, die Gedanken entstehen durch starke Konzentration und Hingabe.

Aber manchmal wundere ich mich: So würdest Du nie denken. Auf die Idee wärst Du nie gekommen. Oder sogar: Das kannst Du gar nicht wissen. Dann wird mir klar: Diese Gedanken sind nicht von mir, sie kommen aus einer anderen Quelle. Ich bin überzeugt: Sie sind göttlichen Ursprungs. Das will ich nicht verleugnen. Deshalb sind alle Texte, die ich von einer höheren Instanz erhalten habe, deutlich gekennzeichnet und mit einem großen «E» für Eingebung versehen.

Sind diese Gedanken die «Wahrheit»?

Mit dem Begriff einer «allgemein gültigen Wahrheit» bin ich sehr vorsichtig. Für mich und mein Leben sind diese Eingebungen eine Wahrheit, weil sie einige der wichtigsten, wenn nicht sogar die wichtigsten Werte repräsentieren, nämlich: bedingungslose Liebe, Freundschaft, Vertrauen und Dankbarkeit. Jeder, der sich für persönliches Wachstum entscheidet, wird seine eigenen Werte hinterfragen müssen und gegebenenfalls neu bestimmen.

Wenn jeder für sich entscheiden muss, machen Sie dann nicht zu viele Vorgaben mit Ihren 7 Schlüsseln?

Die 7 Schlüssel sind Angebot, nicht Verpflichtung. Sie können hilfreich sein, drängen sich aber nicht auf. Jedem steht es frei, davon Gebrauch zu machen oder nicht. Jedem, der diesen Weg ablehnt, weil er seinen eigenen gefunden hat, wünsche ich von Herzen Zuversicht, Freude und Erfüllung.

Wie sind Sie zum spirituellen Weg gekommen?

Ich bin, wie Benediktinerpater Dr. Elmar Salmann von mir sagt, eine «kuriose Promenadenmischung»: Mutter streng gläubige Katholikin, Vater Freidenker mit besonderem Interesse an fernöstlichen Weisheitslehren. Ich bin spirituell, seit ich denken kann. Ich erinnere mich, dass ich schon mit 4-5 Jahren an meinen Schutzengel glaubte, den ich nie sah, von dem meine Mutter immer sagte: Er ist da, auch wenn Vater und ich mal nicht da sind. Dabei wollte ich gar nicht, dass er alles mitbekam (lacht) ...

Als junger Erwachsener wollte ich mich radikal von Gott abwenden. Aber die Liebe Gottes war stärker. Viele Krisenzeiten habe ich nur meistern können, weil ich mich im Schutze des Allerhöchsten wusste, besonders im Gebet des Psalms 91 «Zuflucht bei Gott».

Sie sind Mitglied einer Glaubensgemeinschaft?

Ich bin als Christ getauft und Mitglied der römisch-katholischen Kirche. Das bedeutet aber nicht, dass ich nicht schon des Öfteren an meiner Kirche gelitten hätte. Manches ist mir zu eng. Manches nicht ehrlich genug. Viele Verhaltensweisen von Angehörigen der christlichen Kirchen waren in der Vergangenheit alles andere als vorbildhaft. Das trifft aber auch auf andere Religionen und Glaubensgemeinschaften zu.

Doch Jesus Christus ist für mich der Inbegriff der allumfassenden, bedingungslosen Liebe. Seine Überzeugung: «Liebe Deinen Nächsten wie Dich selbst» ... hat mich alle Zeit fasziniert. Jesus ist das überzeugendste Vorbild, denn er hat uns gezeigt, dass es nichts Größeres gibt, als die Liebe zu leben.

Haben Sie sich das Sternum-Projekt ausgedacht?

Nein, nichts ist von mir. Jedenfalls nichts Wesentliches. Dieses Projekt durchzuführen, ist mir «aufgetragen» worden. Ich stehe aber mit ganzem Herzen dahinter. Es erfüllt und begeistert mich.

Für wen ist es nützlich?

Für jeden Menschen, der offen ist.

Auch für Atheisten?

Warum nicht? Die Liebe als größtes Ziel des Lebens ist frei und unabhängig. Gott ist die Liebe. Wer sich vom Wort «Gott» gestört fühlt, kann den Gedanken der «allumfassenden und bedingungslosen Liebe» wählen.

Was soll das Sternum-Projekt für den Menschen bewirken?

Einen Ausgleich. Ein spirituelles Leben mit viel Liebe

und Dankbarkeit. Tiefe innere Ruhe und Frieden. Ein Leben in Harmonie mit sich und mit den anderen. Eine höhere Lebensqualität, mehr Lebensfreude, ein wahrhaft sinnvolles, erfülltes und reiches Leben.

Das ist ein hoher Anspruch!

Der höchste überhaupt.

Ist das erreichbar?

Es geht um die Stärkung der Eigenverantwortung. Es geht um die ersten Schritte zum Ziel. Die Übernahme der Verantwortung für sich und sein Leben. Wer gelernt hat, auf seine innere Stimme zu hören und entschlossen zu gehen, der ist auf dem richtigen Weg.

Das «Sternum» beschreibt das «Herz-Chakra». Darüber gibt es bereits viele Bücher. Alter Wein in neuen Schläuchen?

Natürlich ist die Herzensqualität schon lange bekannt. Also – «alter Wein» insofern, als es ein universelles Wissen gibt. Aber der Zugang über die 7 Schlüssel ist ein neuartiger. Und noch nirgends wurde so eindeutig zum Berührungspunkt der Seele Stellung genommen.

Wie ist es für Sie, derartige Informationen zu erhalten?

Ich bin dankbar. Ich koste es nicht aus wie einen Triumph, noch laufe ich in permanenter Demutshaltung durch das Leben. Ich freue mich, weiß aber auch um die Verantwortung.

Wer auf dem Weg der Erleuchtung ist, zieht sich oftmals aus dem normalen Alltag zurück.

Stehen Sie noch mitten im Leben?

Ich bin nicht auf dem Weg der Erleuchtung, sondern auf dem Weg der Entwicklung meiner Fähigkeiten, alles andere wäre anmaßend.

Ob ich noch mitten im Leben stehe? Da fragen Sie am besten meine Frau und die Menschen, die mich kennen. Manche würden mich eher als geselligen Genießer mit viel Humor bezeichnen.

Sind Sie jemals davon ausgegangen, dass alles nur eine große «Fata Morgana», eine Illusion sein könnte? Ein Hirngespinst, das sich der menschliche Geist ausdenkt?

Jetzt könnte ich sagen: Und wenn das Sternum-Projekt gut tut, dann hat es sich doch für alle gelohnt. Aber ... ich habe in meinen Meditationen zu viele Hinweise auf Gottes Existenz erhalten, als dass ich daran zweifeln könnte. Es ist so. Es gäbe das Universum nicht ohne Gott. Es gäbe die bedingungslose Liebe nicht ohne Gott. Gott ist für mich freie, offene, grenzenlos liebende Energie. Gott ist die höchste Form der Liebe.

Sind die 7 Schlüssel nicht austauschbar? Warum sollen gerade sie das Wesentliche sein? Was ist mit Gelassenheit, Positivem Denken oder Schönheit?

Ich erhebe in meiner Arbeit keinen Anspruch auf Vollständigkeit, aber ich habe die 7 Schlüssel so und nicht anders erhalten. Diese Erfahrung gebe ich weiter. Außerdem glaube ich, dass andere Werte enthalten sind: «Gelassenheit» ergibt sich spätestens in der «Demut», «Positives Denken» gehört zu «Klarheit und Entschiedenheit», «Schönheit» zu «Freude und Licht», besonders aber zur «Harmonie». Viele hohe Werte sind also im Sternum-Projekt enthalten. Den einfachen Zugang zu ihnen über die 7 Schlüssel halte ich allerdings für einzigartig.

Warum nennen Sie den Weg der 7 Schlüssel ein «Projekt»?

Ein Projekt hat nichts Endgültiges, ist nichts Unumstößliches. Ein Projekt ist immer bruchstückhaft und entwicklungsfähig. Es lädt ein: Macht mit, wenn Ihr Lust habt. Beteiligt Euch. Übt Kritik. Überprüft, ob es für Euch stimmig ist. Und vor allem: Wenn es ein gutes Projekt ist, wenn es sich lohnt – entwickelt es weiter. Und nutzt die Weiterentwicklung für Euren Weg.

Warum haben Sie sich für Mark Fox als Komponisten entschieden?

Ich habe keinen Musiker erlebt, der so genau und mit soviel Seelenenergie auf die Ausgewogenheit von Musik und Sprache geachtet hat. Mark wollte Musik und Text so miteinander verweben und in Einklang bringen, dass etwas absolut Neues und Einzigartiges entstand. Und für mich hat er dieses Ziel voll und ganz erfüllt.

Warum ist die Musik in dieser Weise komponiert worden?

Was aus der Seele kommt, kann nicht als richtig oder falsch bewertet werden. Jeder beseelte Mensch kann nur das schöpferisch gestalten, was in und durch seine Seele fließt. Die Musik hätte also anders sein können – aber sicher nicht ehrlicher.

Warum sind in den 7 Schlüsseln diese Trance-Elemente enthalten und das Zusammenfließen

der Energien in der linken oder rechten Hand? Wofür soll das gut sein?

Das ist der psychologische Teil. Und obwohl er psychologisch ist – man spricht von «Ankermethoden» – ist auch er mir in meinen Meditationen vermittelt worden. Ich habe diese Verfahren bereits erfolgreich in der mentalen Arbeit mit Spitzensportlern eingesetzt. Das Verankern von Inhalten, auch in den unbewussten Bereichen, kann den Erfolg beschleunigen. Nach neuesten Längsschnittuntersuchungen behält unser Bewusstsein im Zeitalter der Informations- und Wissensflut nur noch ein Prozent der Informationen, 99 Prozent fließen sofort ins Unterbewusstsein.

Warum verknüpfen Sie psychologische Erkenntnisse mit Spiritualität? Wer spirituell lebt, braucht doch keine Ankertechniken.

Das ist richtig. Aber meine Zielgruppe sind nicht diejenigen, die schon auf dem Weg der «Erleuchtung» sind ... Ich möchte die erreichen, die sich bisher noch nicht so ausführlich mit diesen Themen befasst haben. Auch den Manager, die Führungspersönlichkeit oder andere will ich dort erreichen, wo sie sich jetzt befinden.

Ich biete eine «Fähre» an ... ein angstfreies Erleben dessen, was es neben dem klaren Verstand noch gibt. Welche Ressourcen noch brachliegen. Und was es für die Entwicklung und das Wachstum des Menschen bedeuten kann, loszulassen und vertrauensvoll auch einmal seiner Intuition und seinem Herzen zu folgen. Diese Reise ist so spannend, dass es ein Versäumnis wäre, sie nicht zu entdecken.

Wie häufig hört man die Doppel-CD, um Erfolg zu haben?

Hören allein ist gut, sich darauf einzulassen und mitzumachen, ist natürlich Erfolg versprechender, eben gezielt und bewusst ... anfangs ein- bis zweimal die Woche – oder, wenn es innerlich brennt, auch häufiger. Aber die Reihenfolge ist wichtig: Man kann nicht mit der Harmonie beginnen (lacht) ... Die CD's haben einen logischen, aber auch emotionalen Aufbau.

Sie haben das Buch begonnen mit einem Spruch von Antoine de Saint-Exupéry. Wie soll es enden?

Auch am Schluss sollte ein Satz vom selben Autor stehen. Schon oft zitiert, verliert er nie seine innere Weisheit: **Man sieht nur mit dem Herzen gut.**

Hinterfragt von
Cornelia Müller
Personal Mental
Trainerin und
Autorin der
Buchreihe
«TraumFußball»,
VGS-Verlag, Köln.

ZUR PERSON

Georg Rupp, 1948 in Krefeld geboren, studierte Psychologie, Pädagogik und Publizistik in Münster/ Westfalen und promovierte zum Dr. phil. mit einer Arbeit über die «Soziale Kompetenz im Alter».

Der Diplom-Psychologe arbeitet seit 1975 als Psychotherapeut mit den Schwerpunkten Traumatherapie und Persönlichkeitsentwicklung.
Er war viele Jahre Mentaltrainer im Leistungssport und Ideengeber der Deutschen Wellness Hotels.
Langjährige Tätigkeit als Seminarleiter und Coach für Kommunikation, Krisenmanagement und Lebensbalance.

Auf der Weltausstellung Expo 2000 in Hannover stellte er den vielbeachteten ZEIT▲RAUM, einen von ihm entwickelten Entspannungs- und Meditationsraum aus.

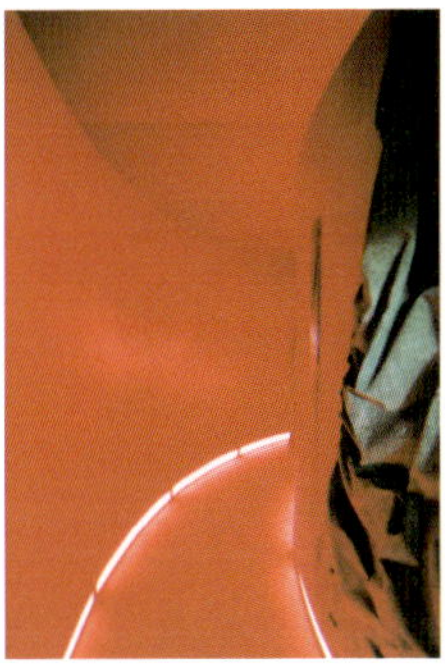

Der ZEIT▲RAUM wurde unter anderem realisiert im Hotel HerzogsPark in Herzogenaurach, bei IBM in Zürich und in der reha bad hamm.

Buchveröffentlichungen:

«Sinne schulen - Kinder stärken»
(Reihe «Kinder echt stark», Band 1)
Herausgeber der Reihe:
Wolfgang Tyssen, Dr. Georg Rupp.
Wotys Verlag Kleve, 2002. ISBN 3-9805541-5-5

«Lebensfreude»
(Reihe «Kinder echt stark», Band 2)
mit einem Vorwort von Hermann van Veen
Herausgeber der Reihe:
Wolfgang Tyssen, Dr. Georg Rupp.
Wotys Verlag Kleve, 2004. ISBN 3-9805541-9-8

BILDNACHWEISE

Buch-, CD-Umschlag und CD-Labels, Foto Universum:
picture-alliance/CMI/Picture 24/Eigenart/[M]

Personenporträts auf den Seiten 17, 27, 51, 80, 90, 118, 119, 134 links unten, 152, 153, 156: Helmut Loos, Krefeld

Personenporträts auf Buch-, CD-Umschlag und den Seiten 24, 26, 30, 33, 53, 91, 92, 96, 106, 134 rechts oben, 161, 162, 165: Zebra Fotostudio's B.V., Venlo (NL)

Seite 18, Fotos Marcelinho, Kahn: picture-alliance/dpa/dpaweb
Seite 18, Foto Handballer: picture-alliance/dpa
Seite 19, Foto van Almsick: ddp Nachrichtenagentur
Seite 20, Foto Jones: picture-alliance/ASA
Seiten 20/21, Fotos «Cabaret»: Matthias Stutte, Krefeld
Seiten 20/21, Foto Schröder/Merkel: Associated Press, Mile Penava
Seite 21, Foto Domingo: picture-alliance/dpa
Seite 21, Foto Städt. Bühnen: Matthias Stutte, Krefeld
Seite 22, Foto Hitzfeld: picture-alliance/dpa/dpaweb
Seite 22, Foto Hl. Franz Xaver: picture-alliance/akg-images/Gilles Mermet
Seite 23, Foto Vajratara: picture-alliance/akg-images/Werner Forman
Seite 24, Foto Gorilla: picture-alliance/OKAPIA KG, Germany
Seite 27, Foto Burdon: kyas photography, Hildesheim
Seite 27, Fotos QLink und Tau: Theo Windges, Krefeld
Seite 29, Foto Yoga: picture-alliance/ASA
Seite 31, Foto Stallone: picture-alliance/Picture Press/Everett Collection/unbekannt
Seite 37, Foto Secunda: Dance of the Deer Foundation, Kalifornien
Seite 37: Fotos Amulett und Garnbild: Theo Windges, Krefeld
Seite 39, Foto Madonna: Bruce Davis, Assisi
Seite 39, Foto Kreuz: Theo Windges, Krefeld
Seite 41, Foto Hubble: picture-alliance/dpa/dpaweb
Seite 43, Foto Fokker: Günter Grondstein

Seite 71, Foto Boote: picture-alliance/CMI/Picture 24/Martin-Raget, Gilles/ [M]
Seite 79, Foto Universum: picture-alliance/CMI/Picture 24/ Eigenart/ [M]
Seite 80, Foto Himmel: picture-alliance/CMI/Picture 24/Büchele, Rupert
Seite 84, Foto Waldweg: picture-alliance/KPA/Theissen/ [M]
Seite 88, Foto Nebel: picture-alliance/CMI/Picture 24/Finn, Klaus
Seite 93, Foto Boot: picture-alliance/KPA/Theissen
Seiten 107, 114, 158 oben und 166, Fotos Kinder: Hotel Löwenzahn, Kirchhundem
Seite 132, Foto Hängebrücke: picture-alliance/dpa
Seite 134, Foto Schüttler: ddp Nachrichtenagentur
Seite 151, Foto Arizona: picture-alliance/CMI/Picture 24/ Hofer, Volkhard
Seite 156, Foto Hannawald: picture-alliance/ASA
Seite 157, Foto Bär Baloo: Rüdiger Nehmzow, Düsseldorf
Seite 157, Foto Seniorenpaar: picture-alliance/CMI/Picture 24/ Hecht, Heinrich
Seite 159, Foto England-Fans: picture-alliance/dpa/dpaweb
Seite 169, Foto ZEIT▲RAUM: Hotel HerzogsPark, Herzogenaurach
Seite 170, Foto Dante: picture-alliance/akg-images/British Library
Seite 181, Foto Erleuchtung: picture-alliance/dpa
Seite 183, Foto Kerze: picture-alliance/dpa/ [M]
Seite 193, Foto Amor und Psyche: picture-alliance/akg-images/ Erich Lessing
Seite 198, Foto Universum: picture-alliance/CMI/Picture 24/ Eigenart
Seite 200, Porträt: Lothar Strücken, Krefeld
Seite 208, Porträt Cornelia Müller: privat
Seite 209, Fotos ZEIT▲RAUM links, Mitte und unten: Wolfgang Flamisch, Düsseldorf; rechts oben: Soenne, Aachen

Bei allen anderen Abbildungen handelt es sich um lizenzfreie Fotos oder Fotos aus privaten Archiven.

DANKE ...

...sage ich allen, die mich mit Kompetenz, Freundschaft, Kritik und Ermutigung unterstützt haben.

Danken möchte ich vor allem meinen geistigen Helfern aus der für uns nicht sichtbaren, aber realen Welt, die mich immer wieder inspiriert und ermutigt haben. Viele Einsichten verdanke ich ihnen, ebenso außergewöhnliche und berührende Erfahrungen, dass wir Menschen von nichts getrennt und wahrhaft eingebettet sind in die göttliche Liebe und Harmonie.

Sehr geholfen haben mir bei der Recherche Eva Schneider, Studentin der katholischen Theologie, sowie die Patres Prof. Dr. Elmar Salmann und Rupert Overlack von der Benediktinerabtei St. Josef in Gerleve.

Franz Mestre, Schauspieler, Regisseur und NLP-Master, arbeitete sich mit mir kompetent und freundschaftlich durch Berge von Texten und Ideen – und brachte intuitiv Ordnung ins Chaos. Mit dem häufig geäußerten Hinweis: «Dieser Text ist fürs nächste Buch» schaffte er immer wieder Reduktion und Klarheit.

Für die Mithilfe bei der Gestaltung meiner Texte danke ich der Autorin Cornelia Müller («Spiele werden im Kopf entschieden») sehr herzlich. Sie vermochte sich so gut in das Sternum-Projekt einzufühlen, dass sie mich bei einigen stressbedingten «Flauten» in meinem eigenen Thema, dem Weg des Herzens, immer wieder motivieren konnte.

Dank auch an Maren Jungclaus. Sie übernahm das Lektorat und sorgte an einigen Stellen behutsam für den sprachlichen Feinschliff, ohne meinen Schreibstil zu verändern.

Besonders intensiv und bereichernd war die Zusammenarbeit mit dem amerikanischen Sänger und Komponisten Mark Fox, der nach eigenen Meditationen für die 7 Schlüssel sowie die Harmonie eine Musik komponierte, die eine absolute Synthese zwischen musikalischem und sprachlichem Ausdruck herstellt. Mich fasziniert immer wieder, wie Mark aus seinem Herzen heraus eine tiefe, die Seele berührende Musik erfühlt und arrangiert.
Lieber Mark, liebe Angelika, herzlichen Dank für Eure unglaublich schöne und erfüllende musikalische Umsetzung.

Ich danke dem Tonmeister Wilfried Venedey für seine akribische, aber durch und durch von Liebe durchdrungene Arbeit. Die Zeit in seinem Tonstudio war – bei aller Ernsthaftigkeit – auch eine Zeit der spielerischen Lebensfreude und des Ausprobierens.

Thomas Busse gab mir mit viel Geduld und Einfühlungsvermögen Sprachunterricht, damit mein niederrheinischer Dialekt nicht allzu sehr auf den CDs hörbar wird.

Für den Entwurf, das Layout und die komplette Gestaltung von Buch und CDs danke ich ganz herzlich Ulla und Wolf Henkel (formmad graphic GmbH, Nettetal). Euer Engagement ging weit über das übliche Maß hinaus. Es beinhaltete nicht nur immer neue Ideen, sondern auch wunderschöne Grafiken, ein berührendes Titelbild – und so manche Nachtarbeit.

Im stillen, aber wichtigen Hintergrund:
Ria Dicks-Böckmann, Anne Böckmann, Sylvia Herwig, Gerten Hofacker, Birgitt Schweren-Wolters ...
herzlichen Dank.

Ich danke allen Menschen aus meiner Familie, aus dem Freundes- und Bekanntenkreis, die das Sternum-Projekt mit positiver Energie und guten Gedanken unterstützen und begleiten.

Danken möchte ich auch jedem, der dieses Buch liest und auf sich wirken lässt. Ich wünsche Dir von ganzem Herzen, dass Du Deinen Weg zu einem reichen Leben findest.

G.R.

LEBT IM JETZT,
SEID OFFEN
UND KLAR –
UND GENIEßT
EUER WACHSTUM.

DAS IST DER WEG
ZU EINEM
REICHEN LEBEN.

G.R.